A menos que se indique lo contrario, todas las citas de la Escritura han sido tomadas de la *Santa Biblia, Nueva Versión Internacional*®, NVI®, © 1999 por la Sociedad Bíblica Internacional. Usadas con permiso. Reservados todos los derechos. Las citas de la Escritura marcadas (NTV) son tomadas de la *Santa Biblia, Nueva Traducción Viviente,* NTV, © 2008, 2009 Tyndale House Foundation. Usadas con permiso de Tyndale House Publishers, Inc., Wheaton, Illinois 60189. Todos los derechos reservados. Las citas de la Escritura marcadas (LBLA) han sido tomadas de *La Biblia de las Américas*®, lbla®, © 1986, 1995, 1997 por The Lockman Foundation. Usadas con permiso. Derechos reservados. (www.LBLA.org). Las citas de la Escritura marcadas (NBLA) han sido tomadas de la *Nueva Biblia de las Américas*™ NBLA™ Copyright © 2005 por The Lockman Foundation, La Habra, California 90631. Usadas con permiso. Derechos Reservados.

Traducción al español realizada por:
Belmonte Traductores
www.belmontetraductores.com
Editado por: Ofelia Pérez

Estudio bíblico para niños
Una divertida manera de aprender La Biblia
©2024 por Zach Windahl
Originally published in English under the title *The Bible Study for Kids* by The Brand Sunday, a division of Baker Publishing Group, Grand Rapids, Michigan, 49516, U.S.A.
All rights reserved.

ISBN: 979-8-88769-130-5
eBook ISBN: 979-8-88769-131-2
Impreso en Colombia

Whitaker House
1030 Hunt Valley Circle
New Kensington, PA 15068
www.espanolwh.com

Por favor, envíe sugerencias sobre este libro a: comentarios@whitakerhouse.com. Ninguna parte de esta publicación podrá ser reproducida o transmitida de ninguna forma o por algún medio electrónico o mecánico; incluyendo fotocopia, grabación o por cualquier sistema de almacenamiento y recuperación sin el permiso previo por escrito de la editorial. En caso de tener alguna pregunta, por favor escríbanos a permissionseditor@whitakerhouse.com.

1 2 3 4 5 6 7 8 9 10 11 ⊔⊔ 31 30 29 28 27 26 25 24

ESTUDIO BÍBLICO PARA *Niños*

UNA DIVERTIDA MANERA DE APRENDER LA BIBLIA

TABLA DE CONTENIDO

9	¡BIENVENIDO!
11	¿QUÉ SIGNIFICA SER CRISTIANO?
13	¿QUIÉN ES JESÚS?
15	¿QUÉ ES LA BIBLIA?
17	HISTORIAS SEMANALES
18	DIOS LO CREÓ TODO
22	ADÁN Y EVA
26	EL ARCA DE NOÉ
30	LA GRAN TORRE
34	DIOS ESCOGE A ABRAHAM
38	LA VIDA DE JOSÉ
42	EL BEBÉ MOISÉS
46	LA ZARZA ARDIENTE
50	MOISÉS Y LAS PLAGAS
54	EL CRUCE DEL MAR ROJO
58	LOS DIEZ MANDAMIENTOS
62	RAHAB Y LOS ESPÍAS
66	LA MURALLA DE JERICÓ
70	LA OBEDIENCIA DE RUT
74	LA ORACIÓN DE ANA
78	DAVID Y GOLIAT
82	LA REINA VALIENTE
86	EL HORNO DE FUEGO
90	DANIEL Y EL FOSO DE LOS LEONES
94	JONÁS Y EL GRAN PEZ
98	EL NACIMIENTO DE JESÚS
102	JESÚS CUANDO ERA NIÑO
106	JUAN EL BAUTISTA
110	JESÚS ES TENTADO
114	JESÚS LLAMA A LOS PRIMEROS DISCÍPULOS

- 118 LA MUJER DEL POZO
- 122 EL SERMÓN DEL MONTE
- 126 CONSTRUYE TU CASA SOBRE LA ROCA
- 130 EL HOMBRE A TRAVÉS DEL TEJADO
- 134 JESÚS DETIENE LA TORMENTA
- 138 ALIMENTACIÓN DE LOS CINCO MIL
- 142 PEDRO CAMINA SOBRE EL AGUA
- 146 UNA MUJER LAVA LOS PIES DE JESÚS
- 150 LA HISTORIA DEL SEMBRADOR
- 154 EL BUEN SAMARITANO
- 158 JESÚS AMA A LOS NIÑOS
- 162 LA OVEJA PERDIDA
- 166 EL HIJO PRÓDIGO
- 170 JESÚS SANA A DIEZ LEPROSOS
- 174 ZAQUEO Y JESÚS
- 178 "YO SOY"
- 182 JESÚS SANA A UN CIEGO
- 186 MUERTE DE LÁZARO
- 190 JESÚS SOBRE UN BURRO
- 194 LA ÚLTIMA CENA
- 198 MUERTE DE JESÚS
- 202 JESÚS REGRESA A LA VIDA
- 206 JESÚS SE APARECE A LOS DISCÍPULOS
- 210 JESÚS PERDONA A PEDRO
- 214 LA GRAN COMISIÓN
- 218 LA LLEGADA DEL ESPÍRITU SANTO
- 222 NUEVOS CIELOS Y NUEVA TIERRA
- 226 ORACIÓN DE SALVACIÓN
- 228 CÓMO COMPARTIR EL EVANGELIO
- 230 ¿CÓMO COMPARTIRÍAS EL EVANGELIO CON UN AMIGO?
- 232 PREGUNTAS SOBRE LA BIBLIA
- 233 RESPUESTAS A LAS PREGUNTAS SOBRE LA BIBLIA
- 234 THE BRAND SUNDAY
- 239 ACERCA DEL AUTOR

¡Bienvenido!

Estamos muy contentos de que hayas decidido dar este paso para entender mejor la Biblia junto a toda tu familia. Este no es un libro solamente para niños; es para ayudar también a los adultos. Así que te animamos a sentarte con tu familia una vez por semana durante las siguientes 52 semanas para estudiar una historia de la Biblia cada vez.

Cada semana contiene cinco partes principales: **Resumen, Para profundizar, Versículo para aprender, Aplicación y Habla con Dios**

Resumen: Un repaso de una historia de la Biblia.

Para profundizar: Versículo que se relaciona con la historia por si quieres aprender más.

Versículo para aprender: Un versículo clave que resume el tema de la historia.

Aplicación: Cómo tus hijos y tú pueden aplicar la historia a sus vidas.

Habla con Dios: Una sencilla oración guiada para que la haga toda la familia.

Dios te ama mucho y quiere tener una relación más profunda contigo. Estamos muy contentos por la oportunidad de poder ayudarles a ti y a tu familia a llegar a eso en las próximas 52 semanas.

¿Qué significa ser cristiano?

Muchas personas creen que ser cristiano solo significa ser una buena persona, pero en realidad un cristiano es alguien que ha aceptado a Jesús en su corazón y ha decidido vivir para Él todos los días.

Pero ¿qué significa eso?

Jesús es la razón por la que podemos vivir con libertad. Él murió y resucitó para pagar el precio de nuestros pecados, que nos separaban de Dios. Entonces, significa que permites que Jesús esté a tu lado y viva cada día contigo en lugar de vivir tú solo.

La Biblia dice: *Porque tanto amó Dios al mundo que dio a su Hijo único, para que todo el que cree en él no se pierda, sino que tenga vida eterna* (Juan 3:16). ¿Entendiste eso? Dios dio a su Hijo para que nosotros podamos tener vida eterna.

Dios tiene un plan para tu vida. Él te ama mucho.

Cuando aceptas a Jesús en tu corazón y le das el control, entras en una relación personal con Dios y eres considerado un hijo de Dios. Ahora formas parte de su familia. Lo único que Él quiere hacer es amarte y mostrarte los planes maravillosos que tiene para tu vida.

Versículo para aprender

Pero a todos los que le recibieron, les dio el derecho de llegar a ser hijos de Dios, es decir, a los que creen en su nombre (Juan 1:12, LBLA).

¿Quién es Jesús?

Jesús es la persona más importante de la historia. Es el Hijo de Dios.

Cuando Jesús vivía en esta tierra, igual que tú y yo, era perfecto. Él nunca hizo nada malo porque su propósito aquí era muy importante. Sanó a personas, hizo milagros, y compartió historias increíbles sobre cómo debemos vivir nosotros.

A algunas personas poderosas no les gustaba Jesús porque se sentían amenazados por Él. Por eso hicieron un plan y lo mataron. Pero, como los planes de Dios eran más grandes, levantó a Jesús de la muerte.

Esta es la mejor noticia que hemos recibido nunca. Verás, como Dios vivió una vida perfecta, cuando se levantó de la muerte derrotó al pecado para todos aquellos que crean en Él. El castigo que tendríamos que enfrentar por hacer cosas malas ha sido quitado. Nos da un nuevo comienzo cada vez que metemos la pata. Y ahora, cuando Dios nos mira, ve a su Hijo Jesús.

Un día, Jesús regresará a la tierra, pero no sabemos cuándo. Así que nuestra tarea mientras tanto es vivir como Jesús y ayudar a acercar a más a personas a Él. Si crees en Jesús y le entregas tu vida, vivirás para siempre y Él cuidará de ti siempre.

Versículo para aprender

Porque tanto amó Dios al mundo que dio a su Hijo único, para que todo el que cree en él no se pierda, sino que tenga vida eterna (Juan 3:16)

¿Qué es la Biblia?

La Biblia es un libro muy grande, y tiene 66 libros más pequeños en su interior. Esta colección de libros está dividida en dos secciones: el Antiguo Testamento y el Nuevo Testamento. El Antiguo tiene 39 libros, y el Nuevo tiene 27 libros.

La historia principal de la Biblia es cómo, al principio del tiempo, Dios creó algo hermoso de la nada. Entonces, la Humanidad escogió ir en contra de su plan, y el resto de la historia habla sobre Dios que busca a su pueblo. Al final, aprendemos sobre una restauración completa que llegará en algún momento en el tiempo, porque la Biblia es un libro de historias verdaderas y reales que también habla sobre el futuro. ¡Qué te parece!

Estudiando la Biblia, aprendes sobre Jesús y cómo Él nos enseña a vivir. Aprendes sobre el bien y el mal, y la diferencia entre lo bueno y lo malo. Es una guía para darte respuestas y ayudarte a tomar decisiones sabias. Como cristianos, tenemos que estudiarla y dedicar nuestras vidas a sus enseñanzas.

Versículo para aprender

Toda la Escritura es inspirada por Dios y es útil para enseñarnos lo que es verdad y para hacernos ver lo que está mal en nuestra vida. Nos corrige cuando estamos equivocados y nos enseña a hacer lo correcto. (2 Timoteo 3:16, NTV)

HISTORIAS SEMANALES

Dios lo creó todo

Génesis 1-2

¿Alguna vez has mirado al universo y te has preguntado de dónde vino todo eso? ¿Por qué hay millones y millones de estrellas? ¿Por qué algunos peces se ven muy raros? ¿Por qué hay diferentes tipos de árboles? ¿Y de piedras? ¿Y de osos?

Bueno, en el inicio nada era como lo ves hoy. Solo existía Dios. Nada más.

Así que Él decidió dar belleza a la nada y creó algo. Todas las cosas que ves hoy. El cielo, el sol, las aves, los árboles, las estrellas y las personas. Él lo creó todo. Lo hizo en un periodo de seis días, y al ver su Creación dijo que todo era "bueno", porque todo lo que Dios creó lo hizo tal como lo tenía planeado. Era hermoso. Y, al séptimo día, Dios descansó.

Los días de la Creación:

Día 1 - Los cielos y la tierra, el día y la noche

Día 2 - El cielo

Día 3 - La tierra seca y las plantas

Día 4 - El sol, la luna y las estrellas

Día 5 - Los peces y las aves

Día 6 - Los animales y el hombre

Día 7 - Dios descansó

Versículo para aprender

En el principio Dios creó los cielos y la tierra. (Génesis 1:1)

Habla con Dios

Dios, gracias por cumplir siempre tus promesas y cuidar de tu pueblo. Por favor, recuérdame esta historia cada vez que vea el arcoíris en el cielo. Amén.

" Dios creó la naturaleza y dijo que era buena. Intenta apreciar todo lo que te rodea más y más cada día. "

Une el día con la Creación:

Día 1   Sun, Moon, and Stars

Día 2   Dios descansó

Día 3   El cielo

Día 4   Los cielos y la tierra

Día 5   La tierra seca y las plantas

Día 6   Los animales y el hombre

Día 7   Los peces y las aves

Adán y Eva
Génesis 2:4-3:24

Adán fue el primer ser humano que Dios creó. Adán estaba en el jardín del Edén para cuidar de la tierra y extender su belleza por todo el mundo. El jardín del Edén era perfecto. No había pecado, ni muerte, ni dolor, ni nada malo, y Dios tenía una relación cercana con su Creación.

Poco después, Dios se dio cuenta de que no era bueno que el hombre estuviera solo, así que creó una mujer para que fueran dos. Dios la llamó Eva. Dios dijo a Adán y Eva que podían comer de cualquier árbol del jardín excepto uno: el árbol del conocimiento del bien y del mal.

Adán y Eva fueron obedientes a la petición de Dios hasta que un día llegó Satanás al jardín disfrazado de serpiente. Les mintió y les dijo que, si comían del fruto del árbol del conocimiento del bien y del mal, serían como Dios, y que por eso Dios no quería que comieran de él en primer lugar. Eva creyó a la serpiente y desobedeció el plan de Dios al comer del fruto. A partir de ese momento, todo cambió para la humanidad. La Biblia llama a eso la "caída de la humanidad", porque ya no era el plan perfecto de Dios de tener una relación cercana con Él. Como Dios es santo, no puede estar cerca de cosas malas, así que tuvo que poner una barrera entre Dios y el hombre. Debido a lo que hicieron Adán y Eva, el Señor los envió al mundo, fuera del jardín del Edén.

Desde ese entonces, la gente ha seguido en contra del plan de Dios, pero nuestra relación con Jesús restaura la barrera. Ahora tenemos la oportunidad de estar cerca de Él otra vez, como Adán y Eva lo estaban en el principio.

Versículo para aprender

Y el hombre dijo: Esta es ahora hueso de mis huesos, y carne de mi carne; ella será llamada mujer, porque del hombre fue tomada. (Génesis 2:23, LBLA)

Habla con Dios

Dios, gracias por enviar a Jesús para arreglar la relación que tienes con tu pueblo. Ayúdame a compartir tu amor cada vez más con los que me rodean. Amén.

> "Fuimos creados para vivir en comunidad y compartir el amor de Dios por todo el mundo. Puedes comenzar amando a las personas que ves cada día, ya sea tu mamá, tu maestro, o tu mejor amigo."

Llena los espacios en blanco:

_____ fue el primer ser humano que Dios creó.

Adán estaba en el _____ del _____ para cuidar de la tierra y extender su belleza por todo el _____. El jardín del Edén era _____. No había pecado, ni muerte, ni dolor, ni nada malo, y Dios tenía una _____ _____ con su Creación.

El arca de Noé

Génesis 6:5-9:17

Un día, Dios estaba observando su Creación desde el cielo y estaba muy triste debido a todas las cosas malas que estaban sucediendo en la tierra. Quería destruir todo lo que había creado, incluso a las personas, para que se detuviera la maldad.

Pero entonces se acordó de Noé.

Noé era la única persona en la tierra que caminaba con Dios. Entonces, Dios le dio instrucciones a Noé para que construyera un arca para protegerse de un diluvio que se iba a producir. Esta arca no era un barco normal; era enorme. Tenía que ser muy grande para que pudieran entrar Noé, su esposa, sus tres hijos, las esposas de sus hijos, y dos animales de cada especie. Como dije, era enorme.

Después de casi cien años, cuando Noé terminó de construir el arca tuvo siete días para que subieran las personas indicadas, alimentos y los animales. Después, las puertas se cerraron y comenzó la lluvia. Y siguió lloviendo durante cuarenta días y cuarenta noches, acabando con todo ser viviente que había en la tierra.

La cosa no terminó ahí. Aunque dejó de llover, su familia y los animales siguieron dentro del arca casi un año más, porque tenían que esperar a que bajara el nivel del agua y apareciera de nuevo la tierra seca.

Cuando eso ocurrió, Dios prometió a Noé que nunca más destruiría la tierra, por muy mal que fueran las cosas. Dios puso un arcoíris en el cielo y le dijo a Noé que era la señal que le recordaría su promesa.

Versículo para aprender

He colocado mi arcoíris en las nubes, el cual servirá como señal de mi pacto con la tierra. (Génesis 9:13)

Habla con Dios

Dios, gracias porque tú siempre cumples tus promesas y cuidas de tus hijos. Por favor, recuérdame esta historia cada vez que vea el arcoíris en el cielo. Amén.

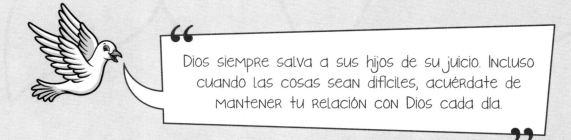

"Dios siempre salva a sus hijos de su juicio. Incluso cuando las cosas sean difíciles, acuérdate de mantener tu relación con Dios cada día."

¡Encuentra tu camino hasta el arca!

Inicio

La gran torre
Génesis 11:1-9

Después del Diluvio y el arca de Noé, Dios les dijo a las personas que se dispersaran por toda la tierra y construyeran sus propias comunidades. Pero las personas no prestaron atención. Decidieron quedarse en un lugar y crear una nueva ciudad llamada Babel.

Babel era una ciudad muy grande, pero se volvieron orgullosos. Para demostrar su grandeza y todo lo que habían logrado, las personas comenzaron a construir una torre con la intención de llegar al cielo.

A Dios no le agradó esta idea. En absoluto.

Las personas habían desobedecido la Palabra de Dios y estaban actuando como si ya no lo necesitaran a Él. Pero el plan de Dios siempre es mejor que lo que nosotros podamos inventar. Entonces, Dios hizo que las personas hablaran en diferentes lenguajes, algo que les confundía tanto que decidieron separarse y esparcirse por el mundo. Comenzaron ciudades con personas que hablaban el mismo idioma, exactamente como Dios les había dicho que lo hicieran en un principio.

Versículo para aprender

Por eso la ciudad se llamó Babel, porque fue allí donde el Señor confundió a la gente con distintos idiomas. Así los dispersó por todo el mundo. (Génesis 11:9, NTV)

Habla con Dios

Dios, gracias por humillarme cuando aparece mi orgullo. Por favor, aumenta mi dominio propio para que siempre busque tus planes para mi vida en lugar de los míos. Amén.

> Recuerda que tenemos éxito cuando nos aferramos al plan de Dios, pero fracasamos cuando intentamos hacer las cosas a nuestra manera. Procura ser humilde en todas las situaciones.

Escribe tu propia oración:

Pide al Espíritu Santo que te ayude a ser más obediente a la Palabra de Dios.

Dios escoge a Abraham
Génesis 12:1-15:6

Hace mucho, mucho tiempo había un hombre llamado Abram que vivía en la ciudad de Harán con su esposa Sarai. Dios amaba a Abram y tenía planes maravillosos para su vida. De hecho, le dijo: Haré de ti una nación grande y te bendeciré; haré famoso tu nombre y serás una bendición. Bendeciré a los que te bendigan y maldeciré a los que te maldigan; ¡por medio de ti serán bendecidas todas las familias de la tierra! (Génesis 12:2-3).

Ahora bien, Abram tenía 75 años de edad en ese entonces. ¿Te imaginas dejar toda tu familia, amigos y trabajo a la edad de 75 años solo porque Dios te dijo que lo hicieras? ¡Sería algo muy difícil!

Pero Abram le creyó a Dios. No sabía cómo Dios cumpliría su promesa, pero Abram sabía que podía confiar en Dios. Así que dejaron la tierra de Canaán, adorando a Dios durante todo el camino.

La fe de Abram, que después se llamaría Abraham, debería inspirarnos en todo lo que hacemos. A Abraham en verdad se le conoce como el Padre de la fe porque todo comenzó con él. Tú eres cristiano hoy por el trabajo que él comenzó a hacer.

Versículo para aprender

Te haré sumamente fructífero. Tus descendientes llegarán a ser muchas naciones, ¡y de ellos surgirán reyes! (Génesis 17:6, NTV)

Habla con Dios

Dios, gracias por llamar a Abraham para cumplir tus planes. Por favor, aumenta mi fe para que sea como la suya durante el resto de mi vida. Amén.

> "Dios tiene planes increíbles para la humanidad, pero en lugar de hacerlos Él mismo, le encanta trabajar junto a nosotros para que las cosas ocurran. Piensa en maneras en las que puedes hacer equipo con Dios para cambiar el mundo."

Escribe el versículo para aprender de esta semana:

Te haré sumamente fructífero. Tus descendientes llegarán a ser muchas naciones, ¡y de ellos surgirán reyes!

Génesis 17:6, NTV

_____
_____
_____
_____
_____
_____
_____

La vida de José
Génesis 37-50

Después de que Abraham fue papá, todos sus hijos comenzaron a hacer cosas asombrosas para el reino de Dios. El bisnieto de Abraham, José, fue superespecial. El papá de José, Jacob, le regaló una túnica de colores para que todos supieran cuán especial era para él.

Pero los diez hermanos mayores de José lo odiaban. No soportaban toda la atención que recibía José, y por eso lo vendieron como esclavo en Egipto para deshacerse de él. ¿Lo puedes creer?

José terminó trabajando para uno de los hombres del Faraón, Potifar, y ascendió en su posición dentro del reino. La esposa de Potifar no era una buena persona, así que contó una mentira sobre José que lo llevó a la cárcel. ¡Qué mal! Pero, de nuevo, José tenía el favor del Señor sobre su vida y trabajaba mucho, así que el encargado de la cárcel ascendió a José para que cuidara de todos los presos.

Al mismo tiempo, el Faraón solía tener sueños muy locos, pero no sabía lo que significaban. Había escuchado que José podía interpretar sueños, así que lo llamó enseguida. Dios obró en la situación y, debido a la interpretación del sueño, José fue nombrado administrador de todo el reino del Faraón. Esto fue especialmente importante cuando Dios habló de una hambruna que iba a producirse. José usó su sabiduría del cielo y salvó a todos los habitantes debido a ello, incluyendo a sus hermanos.

Versículo para aprender

Es verdad que ustedes pensaron hacerme mal, pero Dios transformó ese mal en bien para lograr lo que hoy estamos viendo: salvar la vida de mucha gente. (Génesis 50:20)

Habla con Dios

Dios, gracias por historias como la de José que me enseñan que tú usas las cosas malas y las conviertes en buenas. Por favor, ayúdame a recordarlo cuando me suceden cosas malas, y dame la confianza de que tú harás que sean para bien. Amén.

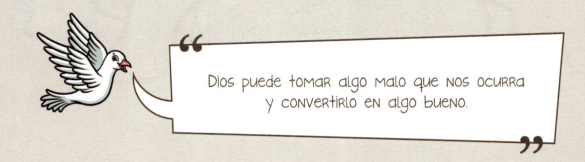

"Dios puede tomar algo malo que nos ocurra y convertirlo en algo bueno."

Sopa de letras:

```
H J G V E N S A R F
E T A D H E U S E A
R Y V W Z G E U I R
M G W H G I N H N A
A J O S E P O P O O
N O O F T T S L O N
O P K D A O M O G R
S A B I D U R I A G
H A M B R U N A R K
X Q F E W F G S P G
```

José   Reino   Hambruna

Egipto   Fe   Hermanos

Faraón   Sueños   Sabiduría

El bebé Moisés
Éxodo 1:8-2:10

Con el paso del tiempo en Egipto, la nación israelita creció en número y en fortaleza. Aumentaron tanto, que los egipcios no sabían qué hacer con ellos. Y había un nuevo Faraón al mando que no conoció a José ni las cosas tan grandes que hizo por la nación de Egipto. Así que este Faraón convirtió en esclavos a los israelitas y dio la orden de matar a todos los bebés israelitas que nacieran.

Pero uno se libró.

Una descendiente del hermano de José, Leví, tuvo un hijo que pensaba que era muy especial. Demasiado especial para dejar que algo malo le ocurriera, así que esta mujer levita escondió a su hijo durante tres meses. Cuando ya no podía seguir manteniéndolo en secreto, lo colocó en una cesta en el río Nilo y oró para que Dios cuidara de su hijo. La hermana de este bebé corrió junto a la orilla del río para ver qué le sucedía.

Resultó que la hija del Faraón estaba en ese momento en el río Nilo, y envió a una sirvienta a recoger la cesta. La hija del Faraón sintió lástima del niño y quiso ayudarlo. La hermana le sugirió que una mujer israelita cuidara del bebé hasta que fuera lo suficientemente mayor para vivir con ella. La hija del Faraón estuvo de acuerdo y permitió que la mamá le ayudara por un tiempo.

Cuando el bebé estuvo listo, la hija del Faraón lo adoptó, le puso por nombre Moisés, y lo crio en la realeza de Egipto. Dios tenía grandes planes para la vida de Moisés, y todos ellos comenzaron en este momento.

Versículo para aprender

Cuando el niño creció, ella lo llevó a la hija de Faraón, y vino a ser hijo suyo; y le puso por nombre Moisés, diciendo: Pues lo he sacado de las aguas. (Éxodo 2:10, LBLA)

Habla con Dios

Dios, gracias por proteger siempre a tus hijos y por usarnos de maneras increíbles. Por favor, sigue cuidándome como lo hiciste con Moisés. Te amo. Amén.

"Dios protegerá a su pueblo, aunque en el momento no lo parezca."

Resuelve el crucigrama con las preguntas y sus respuestas:

Vertical

1. ¿Cómo llamaron al niño?

2. ¿Dónde colocaron al bebé?

4. ¿En qué país ocurrió esta historia?

Horizontal

3. ¿Cómo se llamaba el hermano de José?

5. ¿Durante cuántos meses escondieron a Moisés?

6. ¿Qué familiar del Faraón encontró a Moisés?

7. ¿En que río dejaron al bebé?

La zarza ardiente
Éxodo 3:1-4:17

A medida que Moisés crecía, era conocido en toda la tierra. Algunas personas tenían celos de él porque no tenía que hacer el trabajo de los esclavos como el resto de los israelitas. Moisés un día se enojó e hizo algo muy malo, algo por lo que tuvo que huir a un lugar llamado Madián. Moisés se detuvo en un pozo para beber, y mientras estaba allí ayudó a un grupo de siete hermanas. Las hermanas quedaron tan agradecidas, que se lo presentaron a su padre: Jetro, un sacerdote madianita. Con el tiempo, Moisés terminó casándose con una de las hijas de Jetro y trabajando para la familia como pastor durante cuarenta años.

En este momento en Egipto, el antiguo Faraón fue reemplazado por uno nuevo que era incluso peor que el anterior. Los israelitas ya no podían aguantar más. Trabajaban demasiado y sobrevivían a duras penas. Era el momento de que Dios hiciera algo.

Un día, Moisés estaba cuidando de sus ovejas en el campo y el ángel del Señor se le apareció como una llama en una zarza que ardía, pero no se consumía. ¡Vaya! Piensa en cómo se vería eso.

Dios comenzó a hablar a Moisés desde la zarza sobre el sufrimiento de su pueblo, los israelitas, y que necesitaba de su ayuda, pero Moisés. Pero Moisés no quería hacerlo. Pensaba que no tenía lo necesario para ayudar. Dios dijo que estaría con Moisés todo el tiempo, asegurándose de que los israelitas lo escucharan. Dios le dio a Moisés dos "señales" con las que comenzar y permitió que su hermano Aarón lo acompañara para hablar por él.

Por lo tanto, Moisés y su familia dejaron Madián con el plan de liberar al pueblo de Dios.

Versículo para aprender

Entonces Él dijo: No te acerques aquí; quítate las sandalias de los pies, porque el lugar donde estás parado es tierra santa. (Éxodo 3:5, LBLA)

Habla con Dios

Dios, gracias por historias como esta. Quiero ver milagros como le sucedió a Moisés. Por favor, mantén mis ojos y mis oídos abiertos a cómo te estás moviendo en mi vida. Amén.

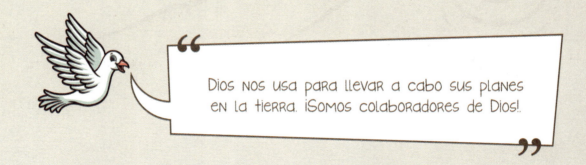

" Dios nos usa para llevar a cabo sus planes en la tierra. ¡Somos colaboradores de Dios!. "

Dibuja "La zarza ardiente":

Moisés y las plagas
Éxodo 7:1-12:32

Cuando Moisés se fue de Madián, se reunió con su hermano Aarón para hacer todas las cosas asombrosas que Dios le había prometido. Recuerda: Dios iba a hacer milagros a través de Moisés, y Aarón era el que hablaría todo el tiempo.

Como Moisés se había criado en el palacio del Faraón, fue bienvenido después de estar fuera cuarenta años. Pero eso no quería decir que siguiera teniendo poder como el que tenía antes. Por eso, cuando Moisés se acercó al nuevo Faraón y le dijo que el Señor Dios de Israel decía: "Deja ir a mi pueblo", el Faraón se rio de él e hizo que los israelitas trabajaran todavía más duro que antes. Esto hizo que los israelitas se enojaran con Moisés por haber hablado.

Moisés oró y oró, clamando a Dios. Quería saber por qué Dios no hacía nada, pero Dios le dijo que regresara con el Faraón y le mostrara las "señales" que le había dado. Eso no impresionó al Faraón, y seguía sin dejar ir al pueblo. Por lo tanto, durante unos meses Moisés siguió visitando al Faraón, y cada vez que iba ocurría una plaga distinta sobre los egipcios. La última plaga fue la peor: el primer hijo de cada hogar de Egipto murió.

El Faraón no pudo soportarlo más y decidió dejar que los israelitas se fueran, y así comenzaron su viaje hacia la Tierra Prometida.

Las diez plagas

1. El río Nilo convertido en sangre
2. Ranas
3. Mosquitos
4. Tábanos
5. Muerte en el ganado
6. Úlceras
7. Granizo
8. Langostas
9. Oscuridad
10. Muerte de los primogénitos

Versículo para aprender

El Señor dijo a Moisés: «Mañana vas a madrugar. Le saldrás al paso al faraón cuando baje al río y le advertirás: "Así dice el Señor: 'Deja ir a mi pueblo para que me rinda culto'…"». (Éxodo 8:20)

Habla con Dios

Amado Dios, gracias por aumentar mi fe mediante historias como esta. Por favor, úsame para hacer cosas asombrosas para tu reino. Estoy abierto y dispuesto para cualquier cosa que quieras que haga. Amén.

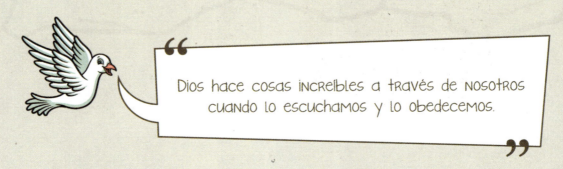

"Dios hace cosas increíbles a través de nosotros cuando lo escuchamos y lo obedecemos."

Completa estas palabras:

Las diez plagas

1. El río Nilo convertido en _ _ _ _ _ _
2. Ra_ _s
3. Mos _ _ _ ts
4. _ _banos
5. Muerte en el ga _ _ _ _
6. Ú _ _ _ _ as
7. Gra _ _ zo
8. L _ _ _ _ _ tas
9. _ _ _ _ _ idad
10. Muerte de los pr _ _ _ _ _ _ _ tos

El cruce del Mar Rojo
Éxodo 14:1-31

Cuando los israelitas habían dejado la tierra de Egipto, el Faraón se arrepintió de su decisión, pero ya habían avanzado mucho en su camino hacia la Tierra Prometida con la esperanza de tener un nuevo comienzo.

Mientras los israelitas estaban acampados junto al Mar Rojo, vieron al ejército egipcio que se acercaba a la distancia, haciendo que todos temieran por su vida. Comenzaron a quejarse con Moisés y a dudar del plan de Dios. Moisés sabía cuán poderoso era el único Dios verdadero, así que habló con Él pidiendo sabiduría y dirección. Dios le dijo a Moisés que alzara delante del mar la vara que tenía. Moisés lo hizo, ¡y Dios actuó! Las aguas del mar se separaron a izquierda y a derecha y apareció un camino seco en medio. Había espacio más que suficiente para que los israelitas llegaran a la otra orilla a salvo.

Cuando los israelitas llegaron a la otra orilla, los egipcios los seguían de cerca, pero Dios tenía otro plan para ellos. En el momento justo, las aguas volvieron a su sitio normal y acabaron por completo con el ejército egipcio.

Los israelitas vieron de primera mano a Dios obrar milagro tras milagro durante su viaje, pero esto era solo el comienzo.

Versículo para aprender

No tengan miedo —les respondió Moisés—. Mantengan sus posiciones, que hoy mismo serán testigos de la salvación que el Señor realizará en favor de ustedes. A esos egipcios que hoy ven, ¡jamás volverán a verlos! Ustedes quédense quietos, que el Señor presentará batalla por ustedes. (Éxodo 14:13-14)

Habla con Dios

Amado Dios, gracias por cuidarme siempre. Por favor, recuérdame historias como esta cuando dude de tu poder. Sé que me amas, y yo también te amo. Amén.

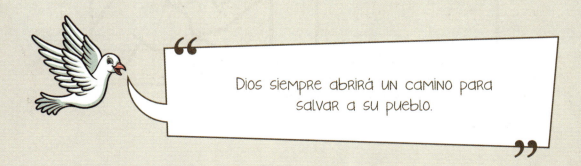

" Dios siempre abrirá un camino para salvar a su pueblo. "

Llena el mapa:

Háganlo juntos como familia. Busquen en el internet un mapa del Medio Oriente. Después llenen los espacios en blanco con las respuestas correctas.

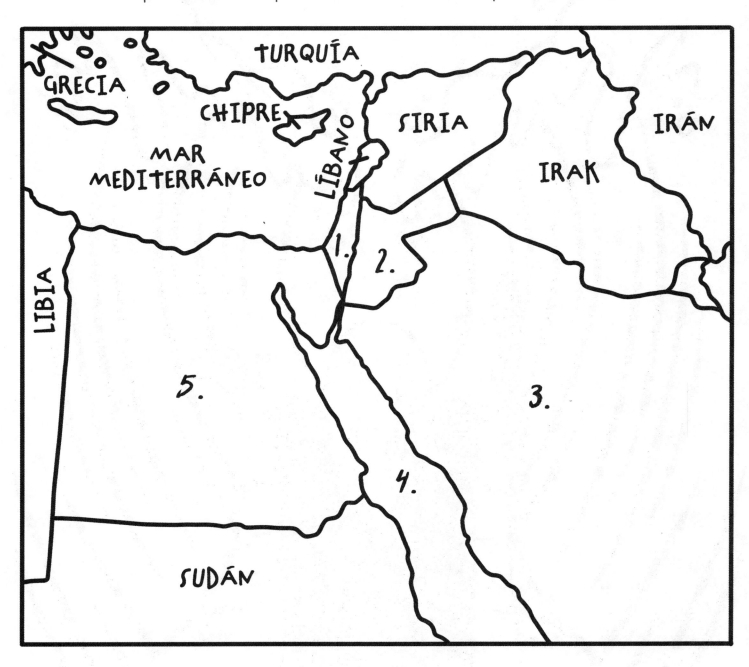

1. _____   4. ____ ____

2. _____   5. _____

3. ____ ____

Respuestas: 1. Israel, 2. Jordania, 3. Arabia Saudita, 4. Mar Rojo, 5. Egipto

Los Diez Mandamientos
Éxodo 19:1–20:21

El tiempo en el desierto fue para que los israelitas refinaran su carácter y aprendieran su nueva identidad ahora que ya no eran esclavos en Egipto. Dios llamó a Moisés a la cima del Monte Sinaí durante cuarenta días y cuarenta noches para pasar tiempo juntos y aprender cuál era la visión de Dios sobre la santidad. Dios dio a Moisés dos tablas de piedra con una lista de diez reglas grabadas llamadas los Diez Mandamientos. Estos mandamientos eran para ayudar al pueblo a amar a Dios, amarse unos a otros, y vivir una vida santa.

Los Diez Mandamientos

1. No adorarás a otros dioses
2. No te harás ídolos
3. No usarás mal el nombre de Dios
4. Santificarás el día de reposo
5. Honrarás a tu padre y a tu madre
6. No matarás
7. No cometerás adulterio
8. No robarás
9. No mentirás
10. No codiciarás

Versículo para aprender

No tengan miedo —les respondió Moisés—. Dios ha venido a ponerlos a prueba, para que sientan temor de él y no pequen. (Éxodo 20:20)

Habla con Dios

Amado Dios, gracias por amarme tanto y por querer que sea la mejor versión de mí que pueda ser. Por favor, dame la fuerza para obedecer tus mandamientos, incluso aunque a veces me resulte difícil. Amén.

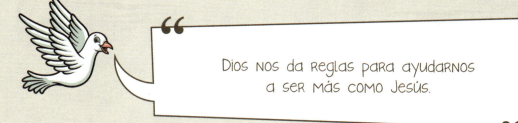

"Dios nos da reglas para ayudarnos a ser más como Jesús."

Escribe los Diez Mandamiento

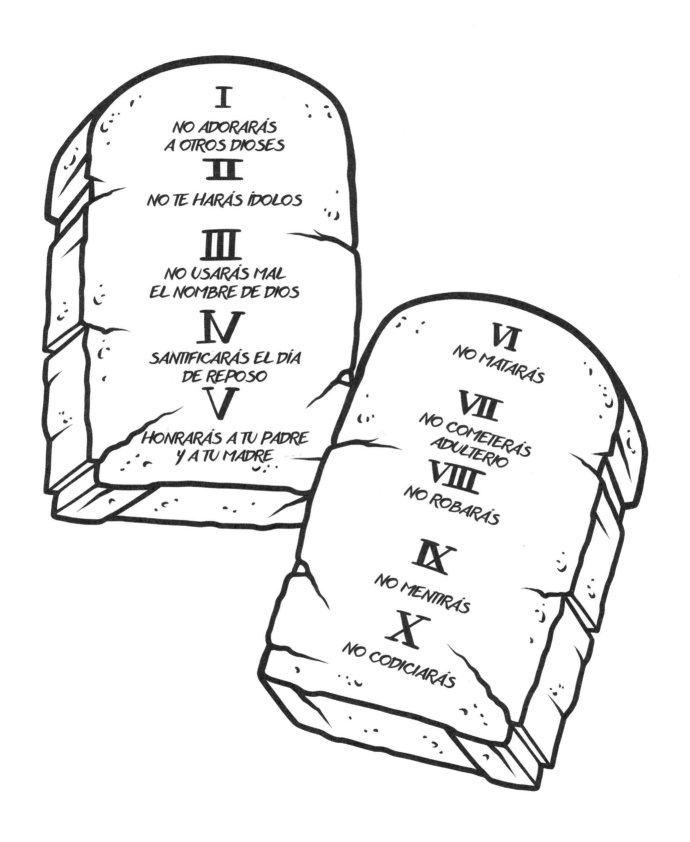

Rahab y los espías
Josué 2

El plan de Dios para los israelitas justo después de salir de Egipto era ocupar un área de terreno que Él había apartado, llamada la Tierra Prometida. Les tomó mucho tiempo más de lo esperado para llegar, pero al final lo consiguieron. Y la tierra era hermosa. Había otros dos grupos de personas ocupando la tierra, así que los israelitas tuvieron que tomarla.

La primera parada fue en una ciudad llamada Jericó. Josué envió dos espías para comprobar cómo estaba todo y cómo era la tierra.

En Jericó, había una mujer llamada Rahab que no era israelita y había hecho muchas cosas malas, pero permitió que los espías se quedaran en su casa. El rey de Jericó se enteró de eso y envió a sus hombres para encontrar a los espías, pero Rahab los escondió porque sabía que el Dios de Israel era el único Dios verdadero. Entonces, los espías le pidieron a Rahab que colgara una cuerda de color rojo por su ventana para recordar su promesa de protegerla cuando llegaran para conquistar la ciudad.

Versículo para aprender

Esa noche, antes de que los espías se durmieran, Rahab subió a la azotea para hablar con ellos. Les dijo: —Sé que el Señor les ha dado esta tierra. Todos tenemos miedo de ustedes. Cada habitante de esta tierra vive aterrorizado. (Josué 2:8-9, NTV)

Habla con Dios

Amado Dios, gracias por mostrarme que puedes usar a cualquiera para cumplir tus planes. Aunque he tomado algunas malas decisiones en mi vida, sé que aun así tú me usarás. Amén.

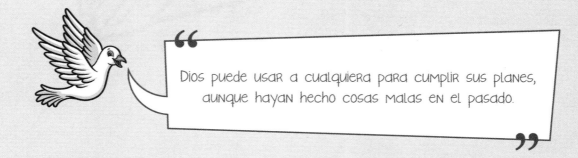

"Dios puede usar a cualquiera para cumplir sus planes, aunque hayan hecho cosas malas en el pasado."

Llena los espacios en blanco:

En ____, había una mujer llamada _____ que no era israelita y había hecho muchas cosas malas, pero permitió que los espías se quedaran en __ ___. El __ de Jericó se enteró de eso y envió a sus hombres para _____ a los espías, pero Rahab los escondió porque sabía que el __ de ____ era el único Dios verdadero. Entonces, los espías le pidieron a Rahab que colgara una ____ __ por su ventana para recordar su promesa de _____ cuando llegaran para conquistar la ciudad.

La muralla de Jericó
Josué 6

Cuando los espías contaron a Josué todo lo que estaba sucediendo en Jericó, los israelitas cruzaron el Río Jordán para estar más cerca de la ciudad. Acamparon a ambos lados de la ciudad mientras planeaban su ataque. Esto asustó a los habitantes de Jericó, así que cerraron las puertas de la muralla de la ciudad y no permitían que nadie entrara ni saliera de ella.

Un día, se le apareció un ángel a Josué. Era el comandante de los ejércitos del Señor, y le contó a Josué cuál sería el plan de Dios para conquistar la ciudad. Dijo que, si los israelitas eran obedientes al plan, Dios actuaría a favor de ellos.

El plan era que los soldados israelitas marcharan alrededor de la ciudad de Jericó con el arca del pacto y siete sacerdotes guiaran al grupo. Al séptimo día, marcharían alrededor de la ciudad siete veces y al final harían sonar los cuernos de carnero y todos gritarían a una lo más alto posible. Si obedecían, las murallas de la ciudad se derrumbarían.

¿Sabes qué? Funcionó.

Cuando los israelitas gritaron después de hacer todo lo que Dios había dicho, las murallas de Jericó se derrumbaron, y ellos conquistaron la ciudad. ¿Te acuerdas de Rahab y la cuerda de color rojo? Bueno, todas las murallas se cayeron salvo la zona donde estaba situada su casa. El Señor fue fiel y cumplió su promesa. Los israelitas ahora podían vivir en la tierra que Dios había prometido a sus ancestros.

Versículo para aprender

Entonces los sacerdotes tocaron las trompetas y la gente gritó a voz en cuello, ante lo cual las murallas de Jericó se derrumbaron. El pueblo avanzó sin detenerse y tomó la ciudad. (Josué 6:20)

Habla con Dios

Amado Dios, gracias por darnos un ejemplo tan grande de obediencia. Por favor, ayúdame a ser obediente en lo que tú quieres que yo haga. Sé que tu plan es siempre el mejor plan. Amén.

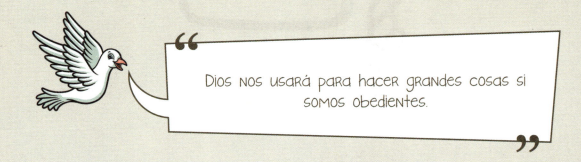

"Dios nos usará para hacer grandes cosas si somos obedientes."

Encuentra tu camino a través de la muralla:

La obediencia de Rut
Rut 1-4

Había una vez una muchacha llamada Rut que vivía en una zona llamada Moab. Rut se casó con el hijo de una mujer llamada Noemí. Pasaron algunas cosas realmente malas, y todos los hombres de la familia de Rut murieron, incluso su esposo.

Noemí decidió irse de Moab y regresar con su familia en Israel. Rut no tenía más familia, así que quiso ir a Israel con Noemí, pero Noemí no quería que ella lo hiciera. Sin embargo, Rut dijo: ¡No insistas en que te abandone o en que me separe de ti! Porque iré adonde tú vayas y viviré donde tú vivas. Tu pueblo será mi pueblo y tu Dios será mi Dios (Rut 1:16).

Como Noemí era israelita, había una bendición especial sobre su vida, y esa bendición recayó sobre la vida de Rut también. Rut consiguió un trabajo cosechando los campos y finalmente se casó con el dueño de ese campo, un hombre llamado Booz. La mejor parte es que el bisnieto de Rut y Booz fue el rey David, que es una persona muy importante en la historia de Israel.

Versículo para aprender

Pero Rut respondió: «¡No insistas en que te abandone o en que me separe de ti! Porque iré adonde tú vayas y viviré donde tú vivas. Tu pueblo será mi pueblo y tu Dios será mi Dios…». (Rut 1:16)

Habla con Dios

Gracias, Dios, por usar a personas ordinarias para hacer cosas extraordinarias. Por favor, sigue recordándome los grandes planes que tienes para mi vida. Amén.

"Dios puede usar una pequeña decisión para impactar a generaciones de personas."

Sopa de letras:

```
U P H K F H D K Y R
W N Z E U M I H J U
C I N J M G O K J T
N O E M I T S C I Y
N E L D I W J W K X
P E R S O N A S R B
M O A B P H G J K O
D M D W O B Z G O O
B E N D I C I O N Z
H I S T O R I A E I
```

Noemí   Moab   Bendición
Rut   Personas   Historia
Booz   Dios

La oración de Ana
1 Samuel 1:1-2:11

Lo único que Ana quería en la vida era tener un bebé. Lo que más quería en la vida era, junto a su esposo Elcana, tener ese hijo que nunca habían tenido. Pero ella no podía tener hijos. Así que cada año, cuando iba al templo en Silo, clamaba a Dios y le rogaba que le diera un hijo. Ana prometió que se lo entregaría al Señor para que sirviera a Dios para siempre.

Un año, mientras ella oraba, el sacerdote Elí escuchó a Ana y confirmó que Dios le daría un hijo por su obediencia y dedicación.

Ana y Elcana regresaron a la casa y poco después ella quedó embarazada. ¡Ana estaba muy alegre! Le puso por nombre Samuel. Para cumplir su promesa, dedicó a Samuel al Señor y este creció en el templo, bajo la crianza del sacerdote Elí.

Versículo para aprender

Ana concibió y a su debido tiempo dio a luz un hijo, al que le puso por nombre Samuel, pues dijo: «Al Señor se lo pedí». (1 Samuel 1:20)

Habla con Dios

Amado Dios, gracias por escuchar mis oraciones y cuidar de mi bienestar. Por favor, alinea mis deseos con los tuyos. Amén.

"Dios escucha nuestras oraciones y las responde."

Escribe tu propia oración:

Dale gracias a Dios por tu familia.

David y Goliat
1 Samuel 17

Antes de que David llegara a ser rey, era solo un adolescente que vivía en Belén y cuidaba de los rebaños de su familia. Como pastor, David a menudo protegía a las ovejas de su familia de animales salvajes con su honda y sus piedras.

Un día, el padre de David le pidió que llevara comida a sus hermanos, y supo que los israelitas y un gigante llamado Goliat estaban en un callejón sin salida. Goliat decía cosas malas a los israelitas, pero ellos no tenían a nadie que fuera tan grande para luchar con él. David se enojó por las cosas que Goliat decía, así que le pidió permiso al rey para luchar contra Goliat.

Aunque David era mucho más pequeño que Goliat, sabía que el Señor lo protegería y pelearía por él.

El rey le dio permiso y le entregó incluso su propia armadura, pero era demasiado grande para David. David decidió llevar sus ropas normales y usar su honda y unas piedras para luchar en lugar de una gran espada. Cuando David avanzó para pelear, Goliat se rio de su tamaño, pero David sabía que tenía la habilidad para vencerlo. Entonces, hizo girar su honda y lanzó una piedra al centro de la frente del gigante, derribándolo así de un solo golpe. Los filisteos no se lo podían creer y huyeron de miedo, y la historia de cómo Dios usó a David se propagó entre los israelitas, lo cual les dio esperanza para el futuro.

Versículo para aprender

Todos los que están aquí reunidos sabrán que el Señor rescata a su pueblo, pero no con espada ni con lanza. ¡Esta es la batalla del Señor, y los entregará a ustedes en nuestras manos! (1 Samuel 17:47, NTV)

Habla con Dios

Amado Dios, gracias por pelear por mí y ayudarme cuando no puedo hacer las cosas por mí mismo. Por favor, dame valor para creer que harás cosas imposibles a través de mí. Amén.

"Dios puede usarte de maneras increíbles si confías en Él y eres valiente."

Resuelve el crucigrama con las preguntas y sus respuestas:

Vertical

1. ¿Quién era el gigante?

2. ¿Dónde vivía David?

3. ¿Qué usó David para derrotar a Goliat

Horizontal

4. ¿Contra quienes luchaban los israelitas?

5. ¿Qué fue lo que le lanzó David a Goliat?

La reina valiente
Ester 1-10

Había una vez una mujer judía llamada Ester que era reina en Persia, pero nadie sabía que era judía, y Dios quería que así fuera porque tenía grandes planes para ella en el puesto que ocupaba. El primo de Ester, Mardoqueo, se enteró de un plan para matar al rey que tenía Amán, un alto cargo en el imperio persa. Mardoqueo avisó a Ester y finalmente le salvaron la vida al rey.

Amán no estaba nada contento.

Se enojó tanto, que hizo una ley para que mataran a todas las personas de nacionalidad judía. Pero Ester no estaba dispuesta a permitir que eso sucediera, así que se acercó con valentía al rey, le contó el plan de Amán, y le suplicó que salvara a su pueblo. El rey no se podía creer cuán terrible era todo eso, así que pidió que mataran a Amán en el mismo lugar donde él planeaba matar a Mardoqueo. Se decretó al instante una ley que permitía que todos los judíos se pudieran defender si alguien los atacaba.

La valiente reina Ester salvó a toda una raza y todos lo celebraron con una gran fiesta. ¡Y muchas personas judías siguen celebrándolo hoy día!

Versículo para aprender

Si te quedas callada en un momento como este, el alivio y la liberación para los judíos surgirán de algún otro lado, pero tú y tus parientes morirán. ¿Quién sabe si no llegaste a ser reina precisamente para un momento como este? (Ester 4:14, NTV)

Habla con Dios

Amado Dios, gracias por proteger siempre a tu pueblo. Por favor, sigue poniéndome en puestos desde donde pueda bendecir a los que me rodean. Amén.

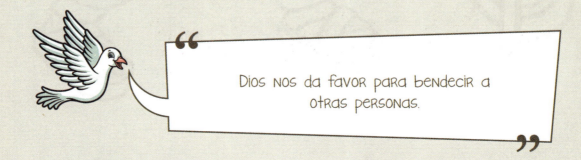

"Dios nos da favor para bendecir a otras personas."

Preguntas acerca de la historia:

Ester era reina, pero ¿de qué país?
_____
_____

¿Cómo se acercó Ester al rey?
_____
_____
_____
_____
_____

¿Qué hicieron los israelitas cuando Ester los salvó?
_____
_____
_____
_____
_____

El horno de fuego
Daniel 3

Sadrac, Mesac y Abednego eran tres muchachos increíbles que amaban a Dios. Fueron tomados de Israel y llevados a un nuevo lugar llamado Babilonia para servir como esclavos del rey Nabucodonosor. Sadrac, Mesac y Abednego creían que Dios tenía un plan para ellos, así que siguieron confiando en Él y adorándolo incluso cuando las cosas no les iban muy bien.

Un día, el rey Nabucodonosor decidió construir una estatua de oro de treinta metros de sí mismo para que todas las personas de la tierra se inclinaran y lo adoraran. Pensaba que era algo hermoso. Pero Sadrac, Mesac y Abednego no querían hacerlo. Sabían que adorar la estatua de oro iba en contra de su creencia en Dios, así que el rey amenazó con arrojarlos a un horno de fuego. Les dio una segunda oportunidad y una tercera, pero aun así ellos se negaron a postrarse ante él. El rey Nabucodonosor calentó el horno siete veces más de lo normal e hizo que arrojaran dentro a los muchachos. Mientras todo el mundo observaba, se dieron cuenta de que los chicos no se quemaban, ¡y que en realidad había cuatro personas en el horno! La cuarta persona era Jesús. Él intervino para proteger a Sadrac, Mesac y Abednego, y los muchachos salieron del horno sin sufrir ningún daño.

Versículo para aprender

Si se nos arroja al horno en llamas, el Dios al que servimos puede librarnos del horno y de las manos de Su Majestad. Pero incluso si no lo hace, queremos que sepa, Su Majestad, que no serviremos a sus dioses ni adoraremos la estatua que usted ha erigido. (Daniel 3:17-18)

Habla con Dios

Amado Dios, gracias porque siempre actúas en el momento perfecto. Confío en ti. Creo en ti. Por favor, sigue protegiéndome cada día. Amén.

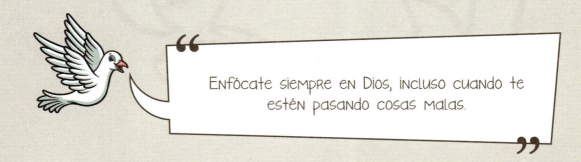

"Enfócate siempre en Dios, incluso cuando te estén pasando cosas malas."

Escribe cinco cosas por las que estás agradecido:

1. _____

2. _____

3. _____

4. _____

5. _____

Daniel y el foso de los leones
Daniel 6

Daniel era tan solo un jovencito cuando fue llevado cautivo a Babilonia para servir en la corte del rey. Se tomaba su fe muy en serio. Dios sabía que podía confiar en Daniel, así que Dios le daba favor dondequiera que iba. El arma secreta de Daniel era la oración. Él hablaba con Dios de rodillas tres veces al día, todos los días.

Mientras Daniel servía bajo el rey Darío, el rey lo puso a cargo de todo el imperio. Un grupo de oficiales del rey tenían muchos celos de Daniel, así que convencieron al rey para que hiciera que todos los habitantes de su reino oraran a él, y solamente a él. Crearon una ley mediante la cual, si alguien oraba a Dios, sería arrojado al foso de los leones. Pero eso no impidió que Daniel siguiera orando al único Dios verdadero. Así que los oficiales del rey atraparon a Daniel e hicieron que el rey lo arrojara al foso de los leones. El rey se sintió muy mal por hacer eso.

Daniel conocía el poder de Dios y la importancia de la oración. Por lo tanto, mientras Daniel era arrojado al foso de los leones clamó pidiendo ayuda, y un ángel del Señor llegó y cerró la boca de los leones toda la noche. A la mañana siguiente, cuando el rey Darío fue a comprobar cómo estaba Daniel, se alegró mucho al ver que estaba vivo. Terminó arrojando a los oficiales al foso de los leones.

Versículo para aprender

Él rescata y salva; hace señales y maravillas en los cielos y en la tierra. ¡Ha salvado a Daniel de las garras de los leones! (Daniel 6:27)

Habla con Dios

Amado Dios, gracias porque puedo acercarme a ti en cualquier momento de mi día. Prometo acudir siempre primero a ti cuando esté atravesando problemas. Te amo. Amén.

"Dios será tu fortaleza cuando no sepas qué hacer."

Escribe el versículo para aprender de esta semana:

Él rescata y salva; hace señales y maravillas en los cielos y en la tierra. ¡Ha salvado a Daniel de las garras de los leones!

Daniel 6:27

_____
_____
_____
_____
_____
_____
_____
_____

Jonás y el gran pez
Jonás 1-4

Jonás era un profeta del reino del norte de Israel. Eso significaba que hablaba al pueblo en nombre de Dios. Un día, Dios le dijo a Jonás que fuera a una ciudad llamada Nínive y les dijera que se arrepintieran de sus malos caminos. Pero Jonás realmente no sentía ningún afecto por las personas de Nínive, así que no quería ayudarles en modo alguno. Jonás decidió huir; aunque nunca podemos escondernos de la presencia de Dios.

Jonás terminó en Jope y se subió a un barco que se dirigía a Tarsis, justo la dirección opuesta a Nínive. Cuando el barco estaba en el mar se produjo una gran tormenta, y todos los marineros temían por su vida. Pero a Jonás no le sucedía eso. Él estuvo dormido dentro del barco todo el tiempo. El capitán se dio cuenta y le dijo a Jonás que orara a su Dios con la esperanza de que se calmara la tormenta. Jonás sabía que él era la razón de la tormenta, así que pidió a los marineros que lo arrojaran por la borda. Y así lo hicieron.

En cuanto Jonás entró en contacto con el agua, la tormenta se detuvo. Dios envió a un pez para que se tragara a Jonás, y lo mantuvo en el interior de su tripa durante tres días y tres noches. Al final, el pez escupió a Jonás en la orilla y Dios le recordó que tenía que dar un mensaje a Nínive.

Jonás llegó a Nínive y predicó arrepentimiento por toda la ciudad, y todas las personas decidieron alejarse de sus malos caminos y enfocarse en Dios. Aunque Jonás no quería al principio, ayudó a muchas personas a acercarse a Dios.

Versículo para aprender

Cuando Dios vio lo que habían hecho y cómo habían abandonado sus malos caminos, cambió de parecer y no llevó a cabo la destrucción con que los había amenazado. (Jonás 3:10, NTV)

Habla con Dios

Amado Dios, por favor, dame la fuerza para obedecerte incluso cuando sea difícil. Sé que tus planes para mi vida son más grandes que cualquier cosa que yo pudiera imaginar. Amén.

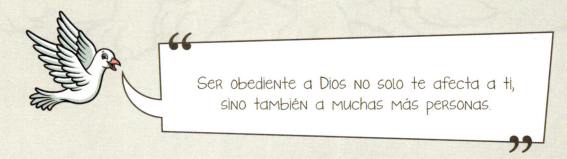

"Ser obediente a Dios no solo te afecta a ti, sino también a muchas más personas."

Dibuja a "Jonás y el gran pez":

El nacimiento de Jesús
Lucas 2:1-20

La razón por la que celebramos la Navidad es porque Jesús nació en ese día y vino a salvar al mundo. La historia comenzó con una mujer llamada María que vivía en un pueblito llamado Nazaret. María estaba enamorada de un hombre llamado José, y se iban a casar pronto.

Una noche, el ángel Gabriel visitó a María y le dijo que tendría un bebé por el poder del Espíritu Santo. Este bebé haría grandes cosas por toda la humanidad. José estaba muy confundido en este punto porque todavía no estaban casados, pero un ángel lo visitó también para compartir con él todo lo que Dios estaba haciendo.

En esos días exactamente, Augusto César decidió contar a todas las personas de la tierra y pidió que todos regresaran a su pueblo natal. José era de Belén, así que hicieron las maletas y se dirigieron a casa. Pero cuando llegaron allá, todos los hoteles y las posadas estaban llenos y no había lugar para ellos donde quedarse. Así que María y José tuvieron que quedarse en un establo, entre los animales. María dio a luz a Jesús, el Hijo de Dios, esa misma noche y le pusieron en un pesebre para que durmiera. Su llegada no fue nada especial, pero su vida fue increíble. ¡El Salvador del mundo había llegado!

Versículo para aprender

Así que dio a luz a su hijo primogénito. Lo envolvió en pañales y lo acostó en un pesebre, porque no había lugar para ellos en la posada. (Lucas 2:7)

Habla con Dios

Amado Dios, gracias por enviar a tu Hijo para salvar al mundo de una forma tan humilde. Por favor, mantenme humilde cada día de mi vida. Amén.

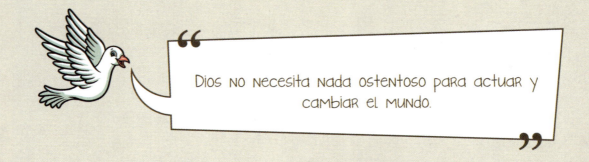

"Dios no necesita nada ostentoso para actuar y cambiar el mundo."

Haz la sopa de letras con estas palabras:

```
P E S E B R E X A B
S A L V A D O R N J
G V T L H F W J I E
C R Q U O K Y V M S
L Y O C T Q N M A U
X B E L E N S A L S
M K Q D L H U R E K
N A V I D A D I S T
N W A N G E L A V H
N A Z A R E T Z A T
```

Navidad   Ángel   Hotel

Jesús   Belén   Animales

María   Pesebre   Salvador

Nazaret

Jesús cuando era niño
Lucas 2:41-52

María y José creían firmemente en Dios y practicaban su fe religiosamente. Cada año visitaban Jerusalén para un festival y llevaban a Jesús con ellos para la celebración. Un año, cuando Jesús tenía doce años, en lugar de jugar con los demás niños, se perdió, ¡pero María y José no se dieron cuenta! Creían que estaba con los demás miembros de la familia, así que cuando terminó la celebración y se dirigían de regreso a su casa, se dieron cuenta de que Jesús no estaba con ellos.

María y José se asustaron mucho y viajaron de regreso a Jerusalén para buscar a Jesús por todas partes. ¡Pero no lo encontraban! Después de tres días, finalmente lo encontraron en el templo, escuchando a los líderes y haciéndoles preguntas. Todos a su alrededor estaban asombrados por el entendimiento que Jesús mostraba de la Palabra de Dios. María y José se enojaron porque se apartó de ellos, pero también sabían que su hijo tenía una misión especial. Así que la familia regresó a su casa, a Nazaret, y Jesús siguió creciendo en sabiduría y favor con Dios y con los hombres.

Versículo para aprender

Entonces Él les dijo: ¿Por qué me buscabais? ¿Acaso no sabíais que me era necesario estar en la casa de mi Padre? (Lucas 2:49, LBLA)

Habla con Dios

Amado Dios, quiero conocer más de ti y crecer en mi entendimiento. Por favor, dame sabiduría antes que cualquier otra cosa. Amén.

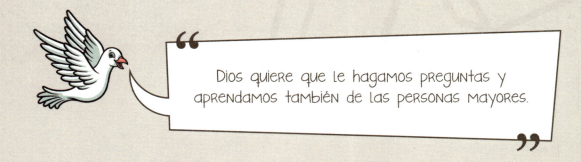

"Dios quiere que le hagamos preguntas y aprendamos también de las personas mayores."

¡Encuentra a Jesús y a sus maestros!:

Salida

Juan el Bautista
Mateo 3:1-17

Jesús tenía un primo llamado Juan el Bautista. Bueno, realmente su nombre era Juan, pero lo de "Bautista" llegó después como un apodo. Antes de que Juan naciera, un ángel visitó a su papá, Zacarías, y le dijo que su mamá, Elisabet, iba a tener un hijo. ¡Su hijo prepararía el camino para el mesías que todos habían estado esperando!

Juan creció amando a Dios con todo su corazón, y dedicaba todo su tiempo a Dios. De hecho, Juan pasaba todo su tiempo en el desierto antes de anunciar públicamente su propósito en la vida, y eso le hacía parecer un poco extraño comparado con otras personas de su edad. Llevaba ropas hechas de piel de camello y comía langostas con miel. ¡Puaj!

Cuando llegó el momento oportuno, Juan comenzó su ministerio diciendo a todo el mundo que el Mesías vendría pronto y salvaría a todos. Decía que debían prepararse para ello enderezando sus vidas y regresando a Dios.

Un día, Juan estaba bautizando gente en el río Jordán y Jesús llegó para ser bautizado. Tenía treinta años de edad en ese entonces. Juan sabía cuán importante era Jesús, así que no se sentía lo suficientemente digno para bautizarlo, pero aun así lo hizo. Cuando Jesús salió del agua, los cielos se abrieron, y una paloma descendió del cielo y reposó sobre Jesús. Entonces, una voz del cielo anunció: Este es mi Hijo amado, en quien me he complacido (LBLA). Jesús es el Salvador del mundo, y finalmente había llegado. Todo cambiaría a partir de ese momento.

Versículo para aprender

Arrepentíos, porque el reino de los cielos se ha acercado. (Mateo 3:2, LBLA)

Habla con Dios

Amado Dios, gracias por escuchar siempre mis oraciones y por salvarme. Por favor, dame oportunidades para compartir tu amor con los que me rodean. Ayúdame a ser valiente como Juan el Bautista. Amén.

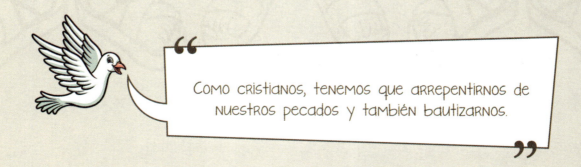

"Como cristianos, tenemos que arrepentirnos de nuestros pecados y también bautizarnos."

Resuelve el crucigrama con las preguntas y sus respuestas:

Vertical

1. ¿Cuántos años tenía Jesús cuando fue baurtizado?

3. ¿Dónde pasaba su tiempo Juan el Bautista?

5. ¿Cuál es el nombre del primo de Jesús?

Horizontal

2. Jesús es el _____ del mundo.

4. ¿Qué comía Juan el Bautista?

6. ¿Que descendió del cielo y reposó sobre Jesús?

Jesús es tentado
Mateo 4:1-11

Cuando Jesús fue bautizado por Juan, el cielo se abrió y Dios hizo que todos supieran que Jesús era el Mesías, su Hijo. De inmediato, el Espíritu Santo guio a Jesús al desierto para ayunar durante 40 días y 40 noches. Cuando Jesús terminó, ¡tenía mucha hambre!

Satanás apareció y comenzó a tentar a Jesús tres veces para cuestionar su poder. Primero, le dijo que convirtiera piedras en panes. En segundo lugar, le dijo que se lanzara desde lo alto del templo para que los ángeles lo salvaran. En tercer lugar, Satanás dijo que le daría a Jesús todos los reinos del mundo si le adoraba. Jesús respondió con las Escrituras las tres veces, y pasó así la prueba de Satanás al no ceder. Después, aparecieron ángeles para cuidar de Jesús y prepararlo para el inicio de su ministerio.

Versículo para aprender

Pero Él respondiendo, dijo: Escrito está: «No solo de pan vivirá el hombre, sino de toda palabra que sale de la boca de Dios». (Mateo 4:4, LBLA)

Habla con Dios

Amado Dios, gracias por tu Palabra y por mostrarnos cómo derrotar a Satanás. Por favor, dame fuerzas cada vez que sea tentado a pecar. Amén.

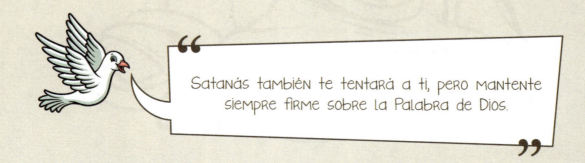

"Satanás también te tentará a ti, pero mantente siempre firme sobre la Palabra de Dios."

Escribe tu propia oración:

Pídele a Dios fortaleza para vencer la tentación.

Jesús llama a los primeros discípulos
Lucas 5:1-11

Jesús comenzó a predicar por toda la ciudad de Galilea. Un día, la multitud era tan grande que lo arrinconaban contra la orilla y no tenía hacia dónde ir. Miró a su alrededor y vio una barca de pesca vacía cuyos dueños estaban en la orilla lavando las redes. Así que Jesús se subió en ella y alejó un poco la barca de la orilla para poder seguir enseñando a la multitud.

Cuando Jesús terminó la enseñanza, Simón y su hermano Andrés se acercaron para pedir que les devolviera su barca. Jesús les dijo que llevaran la barca mar adentro y echaran las redes. Al hacerlo, las redes se llenaron de tantos peces, que la barca comenzaba a hundirse. Simón llamó a otros pescadores, Santiago y Juan, para que les ayudaran con la pesca, ¡y su barca también comenzaba a hundirse! Jesús había hecho un milagro y estos hombres estaban impresionados. Sabían que este hombre era un enviado de Dios.

Cuando regresaron a la orilla, Jesús habló con los cuatro hombres y les pidió que lo siguieran para que lo ayudaran con su ministerio. Jesús les dijo que a partir de ese día serían pescadores de hombres. Aquel día, Simón, Andrés, Santiago y Juan lo dejaron todo para seguir a Jesús y aprender de Él. Jesús llamó poco después a otros ocho discípulos, sumando un total de doce hombres jóvenes para ayudarlo a difundir el evangelio por todo el mundo. Este era solo el principio.

Versículo para aprender

Y Jesús dijo a Simón: No temas; desde ahora serás pescador de hombres. (Lucas 5:10b, LBLA)

Habla con Dios

Amado Dios, gracias por permitirnos a todos seguirte. Por favor, enséñame a ser un mejor pescador de hombres. Amén.

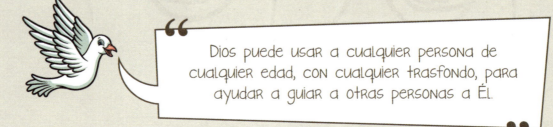

"Dios puede usar a cualquier persona de cualquier edad, con cualquier trasfondo, para ayudar a guiar a otras personas a Él."

Sopa de letras con estas palabras:

```
G A N D R E S Y M P
J E S U S P Q B I E
D G A L I L E A N S
O J U A N B V R I C
G X R E D E S C S A
M I L A G R O A T D
D U X S I M O N E O
O V O V F M A R R R
S A N T I A G O I K
D I S C I P U L O S
```

Galilea   Andrés   Pescador

Jesús   Simón   Discípulos

Mar   Santiago   Milagro

Redes   Juan   Ministerio

Barca

La mujer del pozo
Juan 4:1-42

Durante los viajes de Jesús, se detuvo en una ciudad en Samaria para beber agua. Mientras esperaba junto al pozo, una mujer samaritana se colocó junto a Él para llenar su tinaja de agua. En este momento de la historia, los judíos no se llevaban bien con los samaritanos, pero a Jesús eso no le importó. Así que le pidió a la mujer samaritana que le diera de beber. Ella se quedó impactada de que este hombre estuviera hablando con ella porque sabía que era judío.

Jesús le dijo: Si tan solo supieras el regalo que Dios tiene para ti y con quién estás hablando, tú me pedirías a mí, y yo te daría agua viva (Juan 4:10, NTV). Le dijo que cualquiera que bebiera agua del pozo volvería a tener sed, pero que si ella bebía del agua viva, no volvería a tener sed nunca más. Se estaba refiriendo al Espíritu Santo, pero ella no lo entendía. Así que Jesús comenzó a decirle cosas sobre su vida que nadie sabía, solo ella, demostrando que era un profeta y finalmente revelando que era el Mesías que todos estaban esperando. La mujer corrió a su ciudad para contarles a todos la conversación tan increíble que había tenido con Jesús, y muchas personas creyeron que Él era el Hijo de Dios a partir de ese día.

Versículo para aprender

Jesús contestó: Cualquiera que beba de esta agua pronto volverá a tener sed, pero todos los que beban del agua que yo doy no tendrán sed jamás. Esa agua se convierte en un manantial que brota con frescura dentro de ellos y les da vida eterna. (Juan 4:13-14, NTV)

Habla con Dios

Amado Dios, gracias por saciar mi alma y darme acceso al agua viva. Por favor, dame la valentía para compartirlo con los que me rodean. Amén.

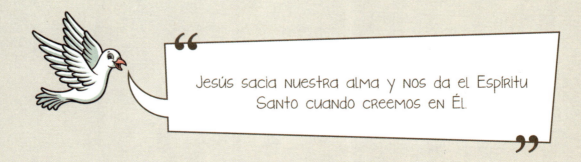

"Jesús sacia nuestra alma y nos da el Espíritu Santo cuando creemos en Él."

Escribe el versículo para aprender de esta semana:

Jesús contestó: Cualquiera que beba de esta agua pronto volverá a tener sed, pero todos los que beban del agua que yo doy no tendrán sed jamás. Esa agua se convierte en un manantial que brota con frescura dentro de ellos y les da vida eterna.

Juan 4:13-14, NTV

_____
_____
_____
_____
_____
_____
_____
_____
_____
_____
_____
_____

El Sermón del Monte
Mateo 5-7

A Jesús se le conocía por compartir historias especiales, que también se llaman parábolas. Cuando Jesús hablaba, se juntaban multitudes y todos escuchaban. Un día, la multitud era tan grande que Jesús subió a la falda de una montaña para compartir su sabiduría. Este momento se conoce comúnmente como "el Sermón del Monte".

Jesús sabía que la multitud era muy diversa. Algunos eran ricos y otros eran pobres; algunos eran religiosos y otros no. Sus trasfondos no cambiaron su mensaje en absoluto, y no ha variado hasta hoy. Jesús habló sobre varios temas como las bendiciones de Dios, vivir en paz, recompensas del cielo, cómo tratar a otros, el perdón, y muchas otras cosas. Por encima de todo, Jesús enseñaba a buscar primero el reino de Dios y todo lo demás sería añadido. No tenemos que preocuparnos por cosas en la tierra; deberíamos tener una mentalidad de reino y en cambio enfocarnos en traer el cielo a la tierra.

Versículo para aprender

Busquen el reino de Dios por encima de todo lo demás y lleven una vida justa, y él les dará todo lo que necesiten. (Mateo 6:33, NTV)

Habla con Dios

Amado Dios, gracias por compartir la verdadera sabiduría a través de la Biblia. Por favor, transforma mi mente para pensar más como Jesús en lugar de lo que diga la gente que me rodea, y a enfocarme en traer el cielo a la tierra. Amén.

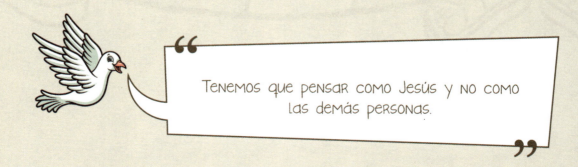

"Tenemos que pensar como Jesús y no como las demás personas."

Completa los espacios en blanco:

Jesús sabía que la multitud era muy ____. Algunos eran ___ y otros eran ___; algunos eran _____ y otros no. Sus trasfondos no cambiaron su mensaje en absoluto, y no ha variado hasta __. Jesús habló sobre varios temas como las _____ de Dios, vivir en __, recompensas del ___, cómo ___ _ ___, el perdón, y muchos otros. Por encima de todo, Jesús enseñaba a ___ ___ el reino de Dios y todo lo demás sería añadido. No tenemos que _____ por cosas en la tierra; deberíamos tener una _____ de ___ y en cambio enfocarnos en traer el ___ a la ____.

Construye tu casa sobre la roca
Mateo 7:24-27

Jesús compartió muchas ilustraciones con sus seguidores durante su tiempo en la tierra. Una historia hablaba de dos hombres que iban a construir una casa. El primer hombre decidió que iba a construir su casa sobre un fundamento sólido encima de una roca. Sin embargo, el segundo hombre tenía otro plan distinto. Él escogió construir su casa sobre la arena.

Un día, llegó una gran tormenta y golpeó contra las casas. El hombre que construyó su casa sobre la roca sobrevivió a la tormenta, pero el hombre que construyó su casa sobre la arena no; su casa se derrumbó.

Jesús dijo que todo el que escucha sus enseñanzas y las sigue, será como el hombre sabio que construyó su casa sobre la roca. Pero cualquiera que escucha y no obedece será como el hombre necio que construyó su casa sobre la arena. Jesús nos enseña que debemos tener un fundamento sólido en nuestra fe para permanecer firmes cuando nos sucedan cosas difíciles en esta vida.

Versículo para aprender

Todo el que escucha mi enseñanza y la sigue es sabio, como la persona que construye su casa sobre una roca sólida. (Mateo 7:24, NTV)

Habla con Dios

Amado Dios, por favor, ayúdame a construir un fundamento firme en mi fe para poder ser como el hombre que construyó su casa sobre la roca y no sobre la arena. Amén.

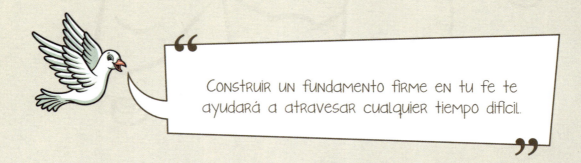

"Construir un fundamento firme en tu fe te ayudará a atravesar cualquier tiempo difícil."

Dibuja tu "Casa sobre la Roca":

El hombre a través del tejado

Marcos 2:1-12

Jesús decidió que era el tiempo de regresar a su ciudad natal para ver a todos. La noticia de su llegada se extendió rápidamente. Se reunió una multitud en la casa que estaba visitando para escuchar lo que tenía que decir y para verlo sanar a personas. Había un grupo de hombres que tenían un amigo paralítico. Sabían que, si podían llegar hasta Jesús, Él lo sanaría. Pero cuando llegaron a la casa, la multitud era tan grande que no podían acercarse, así que se subieron al tejado, abrieron un agujero, y bajaron a su amigo para ponerlo justo delante de Jesús. ¡Vaya!

Jesús se quedó impresionado por la fe de ellos. Estos hombres habrían hecho cualquier cosa para que su amigo fuera sanado. Jesús le dijo al hombre: "Tus pecados te son perdonados". Esto hizo que algunas personas se enojaran mucho porque pensaban que solo Dios podía perdonar pecados. No entendían que Jesús era el Hijo de Dios. Jesús sabía lo que la gente pensaba, así que les preguntó si tan solo debió haber dicho al paralítico que se levantara y caminara. Ellos no sabían qué decir. Entonces, Jesús se volteó hacia el paralítico y le dijo: "Levántate, toma tu lecho, y camina". Y él lo hizo.

El hombre paralítico se levantó y salió por la puerta caminando. Todos los que estaban en esa casa se quedaron impactados. A partir de ese momento, supieron que Jesús tenía poder para sanar y también autoridad para perdonar pecados. Verdaderamente era el Mesías.

Versículo para aprender

Al ver la fe de ellos Jesús dijo al paralítico: ¡Hijo, tus pecados quedan perdonados! (Marcos 2:5)

Habla con Dios

Amado Dios, por favor pon tu mano sobre mis amistades y coloca a las personas correctas en mi vida en el momento oportuno. Quiero amigos como los que tenía el hombre paralítico. Amén.

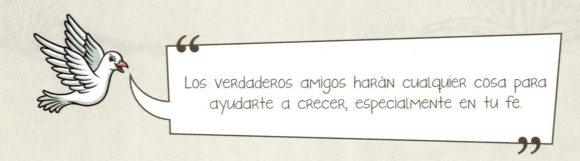

"Los verdaderos amigos harán cualquier cosa para ayudarte a crecer, especialmente en tu fe."

Para pensar:

Estos hombres amaban mucho a su amigo. Escribe el nombre de uno de tus amigos y una oración para que Dios bendiga su vida.

Jesús detiene la tormenta
Marcos 4:35-41

Jesús hizo muchos milagros durante su estancia en la tierra, y grandes grupos de personas se reunían a su alrededor para ver lo que decía y hacía. Un día, después de enseñar a un grupo de personas, Jesús se subió a una barca con sus discípulos y comenzaron a navegar hasta el otro lado del Mar de Galilea. Jesús se quedó dormido durante el viaje, y se levantó una gran tormenta que amenazaba con hundir la barca. El viento era fuerte, la lluvia caía con mucha fuerza, y las olas golpeaban contra los costados de la barca, causando que esta se llenara de agua.
Pero Jesús seguía dormido.
Los discípulos tuvieron miedo de morir, así que frenéticamente despertaron a Jesús para saber qué debían hacer.
Jesús se levantó, alzó sus manos a las nubes, y dijo: "¡Silencio! ¡Cálmate!". Y hubo silencio. La tormenta cesó, ¡y los discípulos se asombraron de que incluso el viento y la lluvia lo obedecían!

Versículo para aprender
Él se levantó, reprendió al viento y ordenó al mar: ¡Silencio! ¡Cálmate! El viento se calmó y todo quedó completamente tranquilo. (Marcos 4:39)

Habla con Dios
Amado Dios, gracias por mostrarme que incluso el viento y las olas te obedecen. Pongo mi confianza en ti. Por favor, recuérdame que siempre ponga mi mirada en ti cuando tenga un día malo o esté enfrentando las tormentas de la vida. Amén.

"Pon tu confianza en Dios y Él siempre cuidará de ti."

Resuelve el crucigrama con las preguntas y sus respuestas:

Vertical

1. Los discípulos tuvieron _____

2. ¿Quién iba en la barca con Jesús?

Horizontal

3. ¿Qué mar estaban cruzando los discípulos?

4. ¿Qué le dijo Jesús a la tormenta?

5. Durante el viaje Jesús se quedó _____

Alimentación de los cinco mil

Marcos 6:32-44

Grandes multitudes se juntaban cada vez que Jesús aparecía en público porque querían verlo hacer milagros y oír lo que decía. Un día, se juntó una gran multitud. Había cinco mil hombres además de las mujeres y los niños, lo cual haría que la cifra subiera a unas doce mil personas en total. ¡Eso es mucha gente! Y todos estaban hambrientos. Jesús le preguntó a Felipe dónde podía comprar pan suficiente para alimentar a todos, pero él no lo sabía. Andrés habló, diciendo que había un niño que tenía cinco panes y dos peces, pero eso no era suficiente para alimentar a todos.

Entonces, Jesús tomó los panes y los peces, dio gracias a Dios, y comenzó a pasar la comida entre la multitud. Y no se detenía. La comida comenzó a multiplicarse, y todas y cada una de las personas comieron hasta estar llenas. Jesús dijo a los discípulos que recogieran las sobras para que no se perdiera nada. Terminaron reuniendo doce cestas de sobras que salieron de los cinco panes y dos peces. Jesús enseñó a la gente que Él siempre proveería para sus necesidades, aunque pareciera imposible.

Versículo para aprender

Jesús tomó los cinco panes y los dos pescados, miró hacia el cielo y los bendijo. Luego, a medida que partía los panes en trozos, se los daba a sus discípulos para que los distribuyeran entre la gente. También dividió los pescados para que cada persona tuviera su porción. Todos comieron cuanto quisieron. (Marcos 6:41-42, NTV)

Habla con Dios

Amado Dios, gracias por proveer siempre para mis necesidades. Recuérdame siempre acudir a ti primero cuando no sienta que tengo suficiente, porque sé que tú siempre cuidarás de mí. Amén.

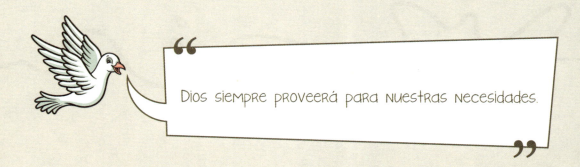

"Dios siempre proveerá para nuestras necesidades."

Escribe cinco cosas por las que estés agradecido:

1. _____
2. _____
3. _____
4. _____
5. _____

Pedro camina sobre el agua

Mateo 14:22-33

Después de que Jesús alimentó a los cinco mil hombres, los envió a casa y pidió a los discípulos que subieran a la barca para cruzar el mar mientras Él se apartaba a solas para orar. Los discípulos no sabían que una gran tormenta se dirigía hacia ellos. Ahora estaban atascados entre unos fuertes vientos y unas olas feroces. Esta vez, Jesús no estaba a su lado para calmar la tormenta, así que comenzaron a tener mucho miedo.

De la nada, Jesús apareció caminando sobre el agua. Los discípulos pensaron que estaban viendo un fantasma, pero Jesús enseguida les hizo saber que era Él. Pedro dudaba que estuviera diciendo la verdad, así que le dijo: "Jesús, si en verdad eres tú, dime que camine sobre el agua hasta llegar a ti". Así que Jesús lo invitó a salir de la barca y Pedro también comenzó a caminar sobre el agua.

Pero la tormenta era todavía muy fuerte y las olas golpeaban con furia alrededor de Pedro, causando que tuviera miedo. Cuando se enfocó en la tormenta, comenzó a hundirse, y gritó: "¡Sálvame, Jesús!". Jesús inmediatamente extendió su mano y agarró la mano de Pedro. Jesús le dijo: "Hombre de poca fe. ¿Por qué dudaste?". Cuando ambos subieron a la barca, la tormenta se detuvo y todos los discípulos adoraron a Jesús.

Versículo para aprender

De inmediato, Jesús extendió la mano y lo agarró. Tienes tan poca fe —le dijo Jesús—. ¿Por qué dudaste de mí? (Mateo 14:31, NTV)

Habla con Dios

Amado Dios, por favor, ayúdame a enfocarme siempre en ti. Quiero ver que te mueves de formas increíbles en mi vida. Te amo. Amén.

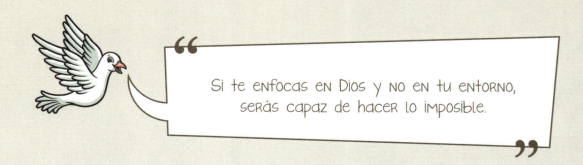

"Si te enfocas en Dios y no en tu entorno, serás capaz de hacer lo imposible."

Dibuja a "Pedro caminando sobre el agua con Jesús":

Una mujer lava los pies de Jesús

Lucas 7:36-50

Había un grupo de judíos llamados los fariseos que a menudo se acercaban a Jesús para intentar atraparlo cometiendo un error. Uno de los hombres, de nombre Simón, le pidió a Jesús que fuera a su casa y los acompañara en la cena. Mientras Jesús estaba con Simón, una mujer muy pecadora había escuchado que Jesús iba a cenar allí esa noche, así que acudió al lugar sin haber sido invitada. En cuanto vio a Jesús, cayó a sus pies y comenzó a llorar. Derramó un perfume muy caro sobre sus pies y los secó con su propio cabello.

A Simón no le gustó que esa mujer interrumpiera su cena, y Jesús sabía exactamente lo que Simón estaba pensando en su corazón. Entonces, Jesús contó una historia de un hombre rico y dos tipos que le debían dinero. El primer tipo le debía quinientos dólares y el segundo cincuenta dólares. Ninguno podía devolverle su dinero al hombre, así que decidió cancelar las dos deudas. Entonces, Jesús miró a Simón y le preguntó: "Cuál de los dos hombres crees que lo amaría más?". Simón respondió: "El hombre que le debía más cantidad de dinero". Jesús estuvo de acuerdo.

Entonces, Jesús miró a la mujer y explicó todas las cosas malas que había hecho en su vida, pero ahora estaba mostrando un amor mucho mayor que el de Simón, al igual que en la historia. Así que Jesús le dijo a la mujer: "Tus pecados te son perdonados... tu fe te ha salvado; vete en paz".

Versículo para aprender

Tu fe te ha salvado —dijo Jesús a la mujer—; vete en paz. (Lucas 7:50)

Habla con Dios

Amado Jesús, gracias por perdonarme siempre, incluso cuando he metido la pata. Por favor, ayúdame a estar siempre agradecido por todo lo que haces por mí. Amén.

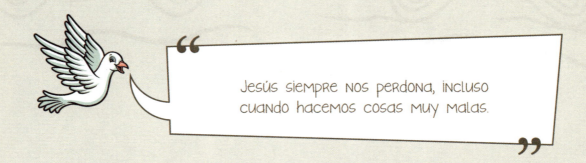

"Jesús siempre nos perdona, incluso cuando hacemos cosas muy malas."

Escribe el versículo para aprender de esta semana:

Tu fe te ha salvado —dijo Jesús a la mujer—; vete en paz.

Lucas 7:50

_____
_____
_____
_____
_____
_____
_____

La historia del sembrador
Mateo 13:1-23

Jesús salió de la casa en la que estaba y se sentó junto al mar. Se reunió una multitud muy grande, así que se subió a una barca y les contó muchas parábolas.

Una de las parábolas que les contó hablaba de un sembrador que salió a plantar semillas por su campo. Algunas de las semillas cayeron junto al camino, y llegaron las aves y se las comieron. Otras semillas cayeron en tierra que tenía muchas piedras. Como la tierra ahí no era buena, las plantas brotaron, pero enseguida se secaron porque sus raíces no eran profundas. Otras semillas cayeron sobre espinos y, cuando las plantas crecieron, los espinos las ahogaron. Finalmente, otras semillas cayeron sobre buena tierra, donde las raíces pudieron crecer hondo y produjeron grano hasta cien veces más de lo plantado.

Después, los discípulos se acercaron a Jesús para preguntarle cuál era el significado de esta parábola. Él dijo que las semillas que caían junto al camino representaban a las personas que escuchan la Palabra de Dios, pero no la entienden, así que Satanás llega rápidamente para llevarse la semilla que recibieron. La semilla que cayó sobre las piedras son las personas que aceptan de inmediato la palabra, pero cuando experimentan dificultades en la vida regresan a sus viejos caminos. La semilla que fue plantada entre espinos representa a los que escuchan la palabra, pero los afanes de este mundo ahogan su fe. La semilla que cayó en buena tierra son aquellos que escuchan la palabra, la entienden, y extienden el evangelio a muchas otras personas.

Versículo para aprender

Pero el que recibió la semilla que cayó en buen terreno es el que oye la palabra y la entiende. Este sí produce una cosecha hasta cien, sesenta y treinta veces más. (Mateo 13:23)

Habla con Dios

Amado Jesús, gracias por tu Palabra, y por darme la capacidad de acercarme a ti. Por favor, ayúdame a dar buen fruto cada día y a acercar a otras personas a ti. Amén.

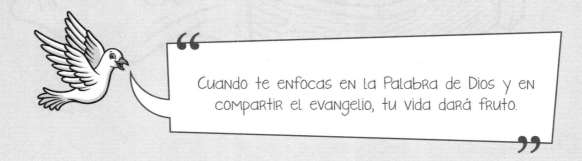

" Cuando te enfocas en la Palabra de Dios y en compartir el evangelio, tu vida dará fruto. "

Sopa de letras:

```
P E Q Z D V B S V G
I B Y K Q Q S E F R
E T I E R R A M P A
D L E Y D L K I L N
R R A I C E S L A J
A V H S N T Q L N E
S N M U R W Z A T R
X F A V E S P S A O
E V A N G E L I O A
P A R A B O L A U Q
```

Parábola   Semillas   Piedras

Granjero   Aves   Raíces

Planta   Tierra   Evangelio

El buen samaritano
Lucas 10:25-37

Un día, mientras Jesús enseñaba, un abogado judío se puso en pie para hacerle una pregunta. Dijo: "¿Qué debo hacer para heredar la vida eterna?". Jesús le preguntó qué era lo que decía la ley al respecto, y el abogado respondió: "Ama al Señor con todo tu corazón, con toda tu alma y con toda tu mente, y ama a tu prójimo como a ti mismo". Jesús asintió, pero el abogado quería saber más, así que preguntó: "¿Y quién es mi prójimo?".

Jesús compartió una historia acerca de un hombre que viajaba de Jerusalén a Jericó. De camino, el hombre fue asaltado y golpeado casi hasta el punto de morir. Ni siquiera podía caminar, así que el hombre se quedó tirado junto al camino. Poco después pasó por allí un sacerdote, pero cuando vio al hombre se cruzó al otro lado y pasó de largo. De igual forma, un levita, un líder religioso, caminaba por esa senda e hizo exactamente lo mismo. Pero después descendió por el mismo camino un samaritano, y al ver al hombre se llenó de compasión. ¿Te acuerdas que dije que los samaritanos y los judíos no se llevaban bien? El samaritano vendó sus heridas y lo llevó a una posada para descansar. Pagó para que el hombre se quedara allí y se aseguró de que el posadero lo ayudara en caso de que el hombre necesitara algo.

Entonces, Jesús miró al abogado y le dijo: "¿Cuál de estos tres hombres, el sacerdote, el levita o el samaritano, demostró lo que es ser un buen prójimo?". El abogado dijo: "El que mostró compasión". Jesús le dijo que tenía razón, y le mandó que hiciera lo mismo.

Versículo para aprender

El hombre contestó: "Ama al Señor tu Dios con todo tu corazón, con toda tu alma, con toda tu fuerza y con toda tu mente" y "Ama a tu prójimo como a ti mismo". ¡Correcto! —le dijo Jesús. ¡Haz eso y vivirás! (Lucas 10:27-28, NTV)

Habla con Dios

Amado Dios, por favor, ayúdame a ser un mejor prójimo para todo aquel con quien me encuentre cada día. Quiero mostrar tu amor mediante mis acciones. Amén.

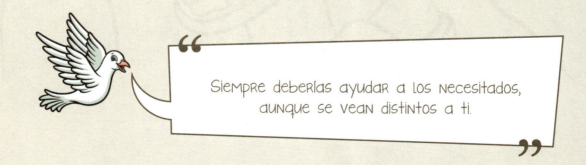

"Siempre deberías ayudar a los necesitados, aunque se vean distintos a ti."

Escribe el versículo para aprender de esta semana:

El hombre contestó: "Ama al Señor tu Dios con todo tu corazón, con toda tu alma, con toda tu fuerza y con toda tu mente" y "Ama a tu prójimo como a ti mismo".

¡Correcto!—le dijo Jesús—. ¡Haz eso y vivirás!

Lucas 10:27-28, NTV

_____
_____
_____
_____
_____
_____
_____
_____
_____
_____
_____

Jesús ama a los niños
Marcos 10:13-16

Cuando Jesús estaba en la tierra hizo muchas cosas asombrosas. Sanó a personas, los resucitó de entre los muertos, contó historias, y enseñó a las personas a ver la vida desde la perspectiva de Dios y no desde la suya propia.

Un día, Jesús estaba enseñando en una casa y la gente comenzó a llevar a sus niños a Él con la esperanza de que los bendijera. Los discípulos no querían interrumpir a Jesús, así que dijeron a todos los padres que no lo hicieran.

Pero Jesús vio lo que estaba sucediendo y decidió hacer una ilustración de lo sucedido. Recibió a los niños entre sus brazos, los bendijo y dijo: "Todo aquel que no reciba el reino de Dios como uno de estos niños, no entrará en él".

Versículo para aprender

Les aseguro que el que no reciba el reino de Dios como un niño, de ninguna manera entrará en él. (Marcos 10:15)

Habla con Dios

Amado Jesús, gracias por aceptar a los niños tanto como a los adultos. Por favor, ayúdame a tener siempre la fe de un niño en todo lo que haga. Amén.

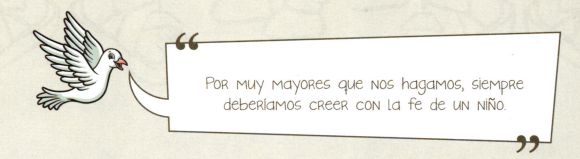

"Por muy mayores que nos hagamos, siempre deberíamos creer con la fe de un niño."

Escribe tu propia oración:

Dale gracias a Dios por su amor por ti.

La oveja perdida
Lucas 15:1-7

Los fariseos, que eran las personas religiosas de su tiempo, no estaban contentos con Jesús porque permitía que muchos pecadores estuvieran cerca de Él. Pero a Jesús no le importaba. A Él le preocupaba más enseñar sobre el amor de Dios que cualquier otra cosa.

Jesús contó una historia a los fariseos sobre un pastor que tenía cien ovejas. Un día, perdió a una de sus ovejas, así que dejó a las otras noventa y nueve para ir a buscar la que se había perdido. Miró por todas partes, desde la cima de la montaña hasta la orilla del río, por todas partes. Y, cuando el pastor finalmente encontró a la oveja perdida, se alegró tanto que la cargó en sus hombros todo el camino hasta su casa. Cuando llegaron, llamó a todos sus amigos y vecinos para celebrar que había encontrado a la oveja perdida.

Jesús dijo que ocurre lo mismo en el cielo cuando un alma perdida regresa a Dios. ¡Hacen una fiesta!

Versículo para aprender

Les digo que así es también en el cielo: habrá más alegría por un solo pecador que se arrepienta que por noventa y nueve justos que no necesitan arrepentirse. (Lucas 15:7)

Habla con Dios

Amado Dios, gracias por dejar a las otras noventa y nueve para salvarme. Por favor, ayúdame a hacer lo mismo cuando vea a personas que conozco que se han apartado de ti. Amén.

"Cada ser humano es importante para Dios, esté siguiendo en ese momento a Jesús o no."

Llena los espacios en blanco:

Jesús contó una historia a los ____ sobre un ____ que tenía cien ovejas. Un día ____ a una de sus ovejas, así que dejó a las otras _ para buscar la que se había perdido. Miró por todas ____, desde la cima de la ____ hasta la orilla del _, por todas partes. Y, cuando el ____ finalmente ____ a la oveja perdida, se ____ tanto que la cargó en sus hombros todo el camino hasta su ____. Cuando llegaron, llamó a todos sus ____ y vecinos para ____ que había encontrado a la oveja perdida.

El hijo pródigo
Lucas 15:11-32

Se reunió una multitud alrededor de Jesús para escuchar lo que decía. Había pecadores y también fariseos, pero los fariseos estaban enojados porque Jesús se juntaba también con pecadores.

Jesús sabía lo que ellos pensaban, así que compartió una historia sobre un hombre que tenía dos hijos. Un día, el hijo menor le pidió a su padre su herencia y se dividió la propiedad entre ellos. Pocos días después, el hijo menor se fue a una ciudad lejana y malgastó todo su dinero en cosas malas. Al mismo tiempo, se dio cuenta de que se había quedado sin dinero. Hubo una escasez de alimento en la tierra y no había buenos trabajos disponibles, así que el hijo aceptó un trabajo alimentando cerdos. Lo odiaba; pero fue lo único que pudo encontrar. Estando allí, se acordaba de lo bien que se les trataba a los siervos en la casa de su padre y que nunca tenían hambre como él ahora. Entonces, decidió regresar a su casa para ver si al menos su padre quisiera contratarlo como un siervo más. Mientras el hijo iba por el camino hacia su casa, su padre lo vio a lo lejos ¡y comenzó a correr hacia él! El hombre estaba tan alegre de ver a su hijo, que pidió a los siervos que lo vistieran con la mejor túnica, que le pusieran un anillo y calzado nuevo. Incluso les pidió que cocinaran el ternero engordado que habían estado preparando para una ocasión como esta. El padre dijo: "Porque mi hijo estaba muerto, y ha vuelto a vivir; se había perdido, y ha sido hallado". El hijo no se podía creer la compasión que le había demostrado su padre después de haber tomado tan malas decisiones.

Cuando el hijo mayor regresó a la casa después de un largo día de trabajo, descubrió que había una fiesta dedicada a su hermano que acababa de regresar. El hermano mayor se enojó porque su padre nunca le había organizado a él una fiesta así, aunque siempre había estado trabajando en los negocios de su padre.

El padre escuchó que el hijo mayor se había enojado. El padre le reafirmó cuán agradecido estaba por la fidelidad de su hijo mayor durante los años. Sin embargo, era el momento de celebrar al hijo que se había perdido, pero finalmente había vuelto a casa.

Versículo para aprender

Teníamos que celebrar este día feliz. ¡Pues tu hermano estaba muerto y ha vuelto a la vida! ¡Estaba perdido y ahora ha sido encontrado! (Lucas 15:32, NTV)

Habla con Dios

Amado Dios, gracias por amarme incluso cuando tomo malas decisiones. Por favor, ayúdame a ser más como tú, Jesús. Amén.

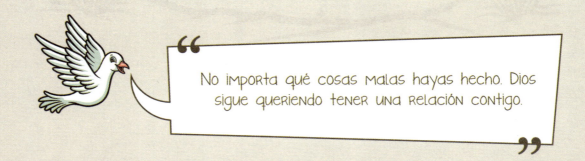

"No importa qué cosas malas hayas hecho. Dios sigue queriendo tener una relación contigo."

Resuelve el crucigrama con las preguntas y sus respuestas:

Vertical

1. ¿A quiénes tenía que alimentar el hijo en su trabajo?

2. ¿Cómo se sintió el hijo mayor?

4. ¿Qué quería ser el hijo menor en la casa de su padre?

Horizontal

3. ¿Qué le pidió el hijo menor a su padre?

5. ¿Qué organizó el padre para el hijo menor?

6. ¿Quién estaba enojado con Jesús?

7. ¿Qué hizo el padre apenas volvió a ver a su hijo?

Jesús sana a diez leprosos
Lucas 17:11-19

Mientras Jesús viajaba entre Samaria y Galilea de camino a Jerusalén, se encontró con diez hombres que tenían lepra. Los hombres se mantuvieron a la distancia, lejos de Jesús, porque la lepra era una enfermedad muy mala y muy contagiosa. Las personas que tenían lepra eran consideradas "inmundas" y no había cura para ellas. Pero estos hombres habían oído que Jesús era un sanador, ¡así que suplicaron misericordia!

Jesús les dijo que fueran a ver al sacerdote, algo que puede parecer extraño, pero un sacerdote tenía la autoridad para declarar a alguien "limpio" otra vez si había sido sanado. Cuando los hombres iban de camino hacia el sacerdote, ¡se dieron cuenta de que ya no tenían lepra! Uno de los diez hombres, que era samaritano, regresó corriendo a Jesús, cayó postrado de rodillas y comenzó a alabar a Dios. Fue el único que regresó a dar las gracias. Jesús le dijo que se pusiera de pie y siguiera con su camino, porque su fe lo había sanado ese día.

Versículo para aprender

Y Jesús le dijo al hombre: «Levántate y sigue tu camino. Tu fe te ha sanado». (Lucas 17:19 NTV)

Habla con Dios

Amado Dios, gracias por todas las cosas buenas que ocurren en mi vida y por cuidar siempre de mí. Por favor, aumenta mi fe para que sea tan fuerte como la de este hombre samaritano. Amén.

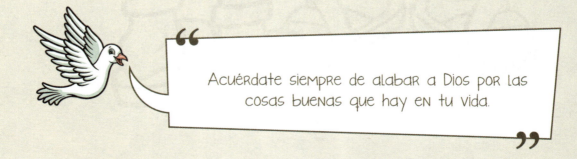

" Acuérdate siempre de alabar a Dios por las cosas buenas que hay en tu vida. "

¡Ayuda a Jesús a llegar hasta los leprosos!:

Inicio

Zaqueo y Jesús
Lucas 19:1-10

Había una vez un hombre rico llamado Zaqueo. Era recaudador de impuestos, y todos lo odiaban por ello. Zaqueo había oído hablar tanto acerca de Jesús, que realmente quería conocerlo.

Un día, mientras Jesús pasaba por Jericó, Zaqueo pensó que finalmente era el momento de ver quién era este hombre del que tanto hablaban todos. Pero Zaqueo era muy bajito, y no podía ver con toda la gente que tenía delante. Entonces, Zaqueo se subió a un árbol sicómoro para ver a Jesús desde ahí.

Cuando Jesús se acercó al lugar, miró hacia arriba y vio a Zaqueo en el árbol. Le dijo: Zaqueo, date prisa y desciende, porque hoy debo quedarme en tu casa (19:5b, LBLA). Zaqueo se llenó de alegría, pero todos en la multitud se enojaron porque Jesús iba a pasar tiempo con una persona tan terrible en lugar de ir con los justos. Zaqueo, al instante, cambió tanto en su corazón al estar en la presencia de Jesús, que ofreció dar la mitad de su dinero a los pobres. y si había engañado a alguien, se lo devolvería por cuatriplicado. Jesús se alegró mucho y usó esto como un ejemplo de su misión en la tierra: salvar a los perdidos.

Versículo para aprender

Porque el Hijo del Hombre ha venido a buscar y a salvar lo que se había perdido. (Lucas 19:10, LBLA)

Habla con Dios

Amado Dios, gracias por mostrarme que amaste a Zaqueo incluso aunque a otras personas no les caía nada bien. Por favor, ayúdame a amar a todos los que me rodean, sin importar quiénes sean. Amén.

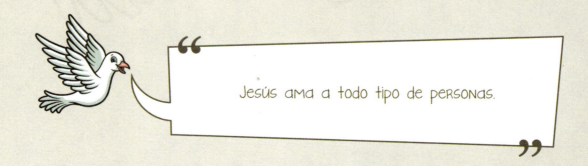

"Jesús ama a todo tipo de personas."

Dibuja a "Zaqueo en el árbol":

"Yo soy"

Juan 6:35; 8:12; 10:7; 10:11; 11:25; 14:6; 15:1

En el Evangelio de Juan hay siete citas de Jesús con frases que comienzan con las palabras "Yo soy". Esto puede parecer algo sin importancia hasta que lo unes con el pasado, cuando Dios le dijo a Moisés en Éxodo 3:14: Yo soy el que soy… Y esto es lo que tienes que decirles a los israelitas: "Yo soy me ha enviado a ustedes".

Entonces, cuando Jesús dice estas cosas, nos damos cuenta de que en verdad está afirmando tener la identidad del propio Dios. Y podemos estar seguros de que son uno. Cuando mejor entendemos estas frases, mejor podemos entender a Dios.

Versículo para aprender

Yo soy el camino, la verdad y la vida —contestó Jesús—. Nadie llega al Padre sino por mí (Juan 14:6)

Habla con Dios

Amado Dios, acepto todo lo que Jesús dijo en estas siete frases como verdadero, y estoy de acuerdo en que Él era tu Hijo. Por favor, grábalas en mi mente para que nunca se me olviden. Amén.

Siete frases de "Yo soy":

1. "Yo soy el pan de vida".

2. "Yo soy la luz del mundo".

3. "Yo soy la puerta de las ovejas".

4. "Yo soy el buen pastor".

5. "Yo soy la resurrección y la vida".

6. "Yo soy el camino, la verdad y la vida".

7. "Yo soy la vid verdadera".

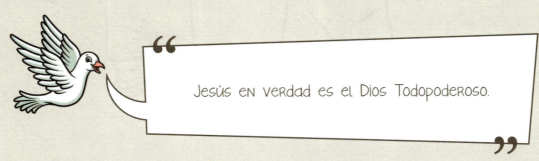

"Jesús en verdad es el Dios Todopoderoso."

Escribe las siete frases de "Yo soy":

1. _____
2. _____
3. _____
4. _____
5. _____
6. _____
7. _____

Jesús sana a un ciego
Juan 9:1-41

Jesús iba caminando con sus discípulos cuando pasaron junto a un hombre que toda su vida había sido ciego. Los discípulos le preguntaron a Jesús de quién era la culpa de que ese hombre estuviera ciego, porque todavía no comprendían muy bien acerca del pecado. Jesús les dijo que no era culpa de nadie, sino que realmente había nacido ciego para mostrar la gloria de Dios por medio de él. En ese momento, Jesús escupió en la arena para hacer barro y se lo untó al hombre en los ojos. Le dijo que fuera a lavarse al estanque de Siloé y sería sano.

Justo cuando el ciego entró en el estanque, recuperó la vista. ¡Aleluya! Pero nadie a su alrededor creía que él era la misma persona que verdaderamente había sido sanada. Ni sus vecinos, ni los fariseos, ni siquiera sus padres lo admitían. Así que la ciudad lo expulsó por ser un mentiroso. Jesús escuchó lo sucedido y buscó al hombre. Le predicó el evangelio y el hombre adoró a Jesús por ser el Hijo de Dios que había venido para salvar al mundo.

Versículo para aprender

Mientras estoy en el mundo, yo soy la luz del mundo. (Juan 9:5, LBLA)

Habla con Dios

Amado Dios, por favor, ayúdame a enfocarme en ti incluso cuando las personas que me rodean no crean en ti. Mi fe es sólida y no será sacudida. Úsame de maneras increíbles. Amén.

" Algunas personas no creerán las cosas que Dios está haciendo en tu vida, pero mantén siempre tus ojos en Jesús y Él te usará de formas asombrosas. "

Vuelve a escribir el versículo para aprender de esta semana:

Mientras estoy en el mundo,

yo soy la luz del mundo.

Juan 9:5, LBLA

_____
_____
_____
_____
_____
_____
_____
_____

Muerte de Lázaro

Juan 11:1-45

Jesús tenía un amigo llamado Lázaro que vivía en la ciudad de Betania. Lázaro tenía dos hermanas llamadas Marta y María. Ahora, Lázaro estaba muy, muy enfermo, así que sus hermanas enviaron un mensaje a Jesús para que viniera rápidamente. Pero cuando Jesús escuchó la noticia, dijo: Esta enfermedad no es para muerte, sino para la gloria de Dios, para que el Hijo de Dios sea glorificado por medio de ella (Juan 11:4, LBLA). Y Jesús se quedó dos días más donde estaba.

Finalmente, Jesús dijo a los discípulos que iban a regresar a Judea para visitar a Lázaro porque había muerto. Cuando llegaron, María y Marta fueron corriendo hasta Él, preguntándose por qué no había llegado antes. Sabían que Jesús podía haberle salvado la vida. Cuando Jesús vio cuán tristes estaban todos, también comenzó a llorar. María y Marta llevaron a Jesús a la tumba donde habían puesto a Lázaro, y Él les pidió que rodaran la piedra de la entrada. Tras mucha indecisión, hicieron lo que les pidió, y Jesús dijo: ¡Lázaro, sal fuera! De repente, Lázaro, que había muerto hacía dos días atrás, salió de la tumba envuelto en telas de lino. Jesús había resucitado a su amigo de entre los muertos.

Versículo para aprender

Entonces Jesús dijo: Yo soy la resurrección y la vida. El que cree en mí vivirá, aunque muera; y todo el que vive y cree en mí no morirá jamás. ¿Crees esto? (Juan 11:25-26)

Habla con Dios

Amado Dios, puede que no sepa por qué me suceden cosas malas, pero en medio de todo ello te pido que lo uses para un bien mayor. Te amo y confío en ti. Amén.

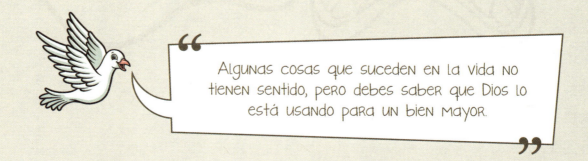

"Algunas cosas que suceden en la vida no tienen sentido, pero debes saber que Dios lo está usando para un bien mayor."

Sopa de letras:

```
P M A R I A M V R Y
J L G O K F U E E J
H L J I C U E N S U
C O F Z N T R D U D
P R A Z V O T A C E
L A Z A R O O S I A
W R O D P G X A T E
X B E T A N I A A I
H N T U M B A C D S
M A R T A I W E O K
```

Lázaro   Llorar   Resucitado

Betania   Judea   Muerto

María   Vendas   Tumba

Marta

Jesús sobre un burro
Lucas 19:28-44; Juan 12:12-19

Esta historia es el comienzo del mensaje de Semana Santa, que quizás ya has escuchado antes en la iglesia.

Cuando los discípulos estaban de camino a Jerusalén para celebrar una fiesta judía llamada la Pascua, Jesús dijo a dos de ellos que se adelantaran hasta una aldea para encontrar un burro muy joven que nadie había montado aún. Si alguien les preguntaba por qué se llevaban el burro, debían decir: "El Señor lo necesita". Así que los dos discípulos se adelantaron, y las cosas sucedieron tal como Jesús lo había dicho. Cuando llevaron el burro a Jesús en el Monte de los Olivos, pusieron sus mantos sobre el burro y Jesús lo montó hasta la ciudad.

Ahora bien, mucho antes de que naciera Jesús, Dios había dicho que el Mesías entraría en Jerusalén de esta manera y entraría en la ciudad como un rey. Las noticias se difundieron, y personas de todas partes de la ciudad oyeron que Jesús llegaba, así que llenaron las calles con ramas de palmeras y celebraban mientras Él pasaba, gritando: "¡Bendito es el rey!", y alababan a Dios porque finalmente había llegado el tiempo. Esto hizo que los fariseos y los líderes religiosos se enojaran mucho porque no creían que Jesús era verdaderamente el Hijo de Dios y el Salvador del mundo. Pero, en lugar de ir a la capital como muchas personas esperaban que lo hiciera un rey, Jesús fue directamente al templo para ordenar las cosas y enseñar la Palabra de Dios cada día.

Versículo para aprender

Tomaron ramas de palma y salieron a recibirlo mientras gritaban a voz en cuello: ¡Hosanna! ¡Bendito el que viene en el nombre del Señor! ¡Bendito el Rey de Israel! (Juan 12:13)

Habla con Dios

Amado Dios, reconozco que tú gobiernas sobre todo y eres el Rey de mi vida. Por favor, recuérdame eso siempre que ponga mi enfoque en cualquier otro lugar que no seas tú. Amén.

"Jesús es verdaderamente Rey de reyes y Señor de señores."

¡Busca tu camino hasta Jesús y el burro!:

Inicio

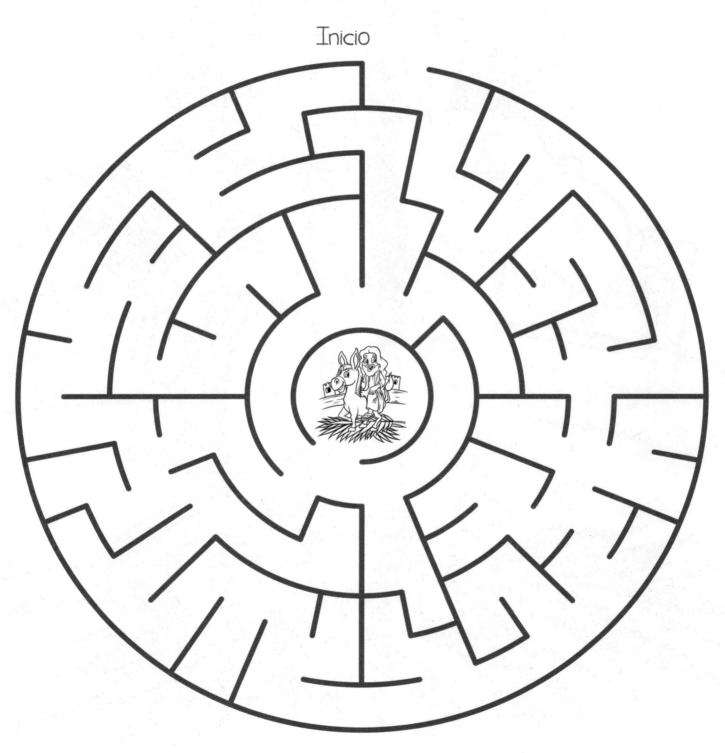

La Última Cena

Lucas 22:7-23

Cada año, llega un tiempo en el que los judíos viajan a Jerusalén para celebrar una fiesta llamada la Pascua. La celebración comienza con una gran comida entre la familia y los amigos para recordar cómo Dios salvó a su pueblo durante el tiempo del Éxodo.

Jesús y los discípulos iban de camino a Jerusalén cuando pidió a Pedro y a Juan que se adelantaran y fueran a preparar la comida de la Pascua. Les dijo dónde ir y con quién hablar para poder acomodar a todos.

Esa noche, mientras disfrutaban de la cena de la Pascua, Jesús tomó el pan y dio gracias a Dios. Dijo a sus discípulos: Esto es mi cuerpo, entregado por ustedes; hagan esto en memoria de mí. Después tomó una copa de vino y dijo: Esta copa es el nuevo pacto en mi sangre, que es derramada por ustedes. En la actualidad celebramos este momento en la Iglesia y lo llamamos la Comunión. Es un tiempo para dar gracias y recordar todo lo que Jesús hizo por nosotros.

Versículo para aprender

También tomó pan y, después de dar gracias, lo partió, se lo dio a ellos y dijo: Esto es mi cuerpo, entregado por ustedes; hagan esto en memoria de mí. De la misma manera, tomó la copa después de cenar y dijo: Esta copa es el nuevo pacto en mi sangre, que es derramada por ustedes. (Lucas 22:19-20)

Habla con Dios

Amado Dios, gracias por salvar continuamente a tu pueblo y mostrarnos la mejor manera de recordarte mediante la comunión. Por favor, no permitas nunca que lo dé por hecho. Amén.

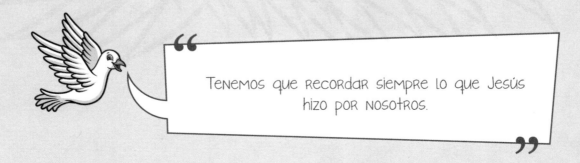

"Tenemos que recordar siempre lo que Jesús hizo por nosotros."

Llena los espacios en blanco:

Esa noche, mientras disfrutaban de la cena de ___, Jesús tomó el _ y dio gracias a Dios. Dijo a sus ___: "Este es mi ___ entregado por ustedes; hagan esto en ___ de mí". Después tomó una _ de vino y dijo: "Esta copa es el ___ ___ en mi sangre, la cual es derramada por ___". En la actualidad, ___ este momento en la iglesia y lo llamamos la ___. Es un tiempo para dar ___ y ___ todo lo que Jesús hizo por ti.

Muerte de Jesús
Marcos 14:15

Mientras que muchas personas amaban a Jesús, también había muchas que lo odiaban, en especial los líderes judíos. No les gustaba que Él afirmara que era el Mesías, el Hijo de Dios. Por eso tramaron un plan para arrestarlo y finalmente matarlo.

Un día, mientras Jesús estaba orando en un huerto, llegó un grupo de soldados para arrestarlo y llevarlo ante los gobernantes de Jerusalén para acusarlo de todos los problemas que estaba causando. Sin embargo, cuando presentaron a Jesús ante un gobernador romano llamado Pilato, él no pudo encontrar nada de malo en lo que Jesús hacía, de modo que Pilato dijo que lo dejaran libre. La multitud no estaba contenta con esa decisión, y gritaron y comenzaron una agitación. Pilato no quería tener ningún problema en esa ciudad, así que entregó a Jesús para que fuera crucificado.

Los guardias romanos golpearon tanto a Jesús, que a duras penas podía mantenerse en pie. Se burlaron de Él, lo escupieron, y pusieron sobre su cabeza una corona de espinos. Incluso le hicieron cargar su propia cruz hasta lo alto del monte. Cuando llegaron al lugar donde iba a ser crucificado, los guardias clavaron a Jesús a la cruz, y todos esperaban que muriera. La mayoría de la gente entre la multitud siguió burlándose, diciéndole que se salvara a sí mismo si verdaderamente era el Hijo de Dios. Pero Jesús sabía que tenía que morir para poder perdonar los pecados de todos, incluso de la gente que se burlaba de Él.

Versículo para aprender

Ustedes estaban muertos a causa de sus pecados y porque aún no les habían quitado la naturaleza pecaminosa. Entonces Dios les dio vida con Cristo al perdonar todos nuestros pecados. Él anuló el acta con los cargos que había contra nosotros y la eliminó clavándola en la cruz. (Colosenses 2:13-14, NTV)

Habla con Dios

Amado Dios, no puedo dejar de darte gracias por sacrificar tu vida por mis pecados. Nunca llegaré a entender del todo el impacto de esa decisión, ¡pero te alabo por ello! ¡Gracias, Señor!

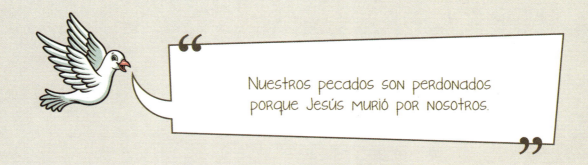

"Nuestros pecados son perdonados porque Jesús murió por nosotros."

Dibuja una "cruz sobre un monte":

Jesús regresa a la vida

Juan 19:38 - 20:18

Después de la muerte de Jesús, un hombre llamado José pidió si podía llevarse el cuerpo de Jesús y enterrarlo de manera adecuada. Pilato lo permitió, así que José y Nicodemo llevaron a Jesús a un sepulcro y lo envolvieron con especias y telas de lino, que era el modo apropiado de enterrar a las personas en esa época.

Tres días después, María Magdalena y un grupo de mujeres fueron a visitar el sepulcro, ¡y vieron que la piedra había sido removida! María se llenó de tristeza porque pensaba que los guardias se habían llevado su cuerpo a otro lugar. Pero aparecieron dos ángeles y les dijeron: "No está aquí, ¡ha resucitado!". Y las mujeres se acordaron de que Jesús dijo que resucitaría al tercer día. Entonces, corrieron para decirles a los otros discípulos lo que habían visto y oído.

Durante los cuarenta días siguientes, Jesús se apareció a sus seguidores para mostrarles que realmente había resucitado de la muerte, y que todo lo que había dicho mientras estuvo en la tierra era verdad. Jesús les dijo que se iría pronto, pero que enseguida llegaría un ayudador: el Espíritu Santo.

Versículo para aprender

Sabiendo que Cristo, habiendo resucitado de entre los muertos, no volverá a morir; la muerte ya no tiene dominio sobre Él. (Romanos 6:9, NBLA)

Habla con Dios

Amado Dios, gracias por morir en la cruz y regresar a la vida por mí. Sé que tú todo lo puedes, y siempre cuidarás de mí. Gracias, Señor. Amén.

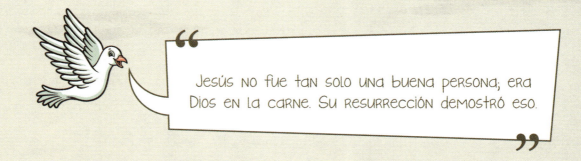

" Jesús no fue tan solo una buena persona; era Dios en la carne. Su resurrección demostró eso. "

Escribe el versículo para aprender de esta semana:

"Sabiendo que Cristo, habiendo resucitado de entre los muertos, no volverá a morir; la muerte ya no tiene dominio sobre Él.".

Romanos 6:9, NBLA

Jesús se aparece a los discípulos

Juan 21:11-14

Un grupo de los discípulos decidió salir a pescar una noche, pero no pescaron nada. Justo cuando comenzaba a salir el sol, un hombre que estaba en la orilla les gritó: "¿Pescaron algo?". Ellos respondieron: "No". Entonces, les dijo que echaran la red al otro lado de la barca. Cuando los discípulos acercaron la red a la barca, ¡vieron que estaba rebosante de peces! Había más de los que podían imaginar.

En ese momento, Pedro se dio cuenta de que el hombre que estaba en la orilla era Jesús, así que saltó al agua desde la barca y fue nadando hacia Jesús lo más rápido que pudo. El resto de los discípulos llevó la barca a la orilla y contaron su pesca: 153 peces grandes en total. Jesús les había preparado el desayuno en una hoguera, y todos disfrutaron de su tiempo juntos. Esta fue la tercera vez que Jesús se revelaba a sus discípulos después de resucitar de la muerte.

Versículo para aprender

Entonces él dijo: ¡Echen la red a la derecha de la barca y tendrán pesca! Ellos lo hicieron y no podían sacar la red por la gran cantidad de peces que contenía. (Juan 21:6, NTV)

Habla con Dios

Amado Dios, gracias por proveer siempre para mí incluso cuando no tienes por qué hacerlo. Por favor, aumenta mi fe para que pueda verte actuar de maneras todavía más grandes. Amén.

"Dios proveerá para ti de maneras que nunca pudiste imaginar."

Sopa de letras:

```
R E D U G D T R D D
S J E S U S V E E I
P N W L U O E B S S
R E V E L A D O A C
U Z P D W Z S S Y I
U O R I L L A A U P
F A E X W W S N N U
B A R C A L W T O L
O E Z N O C H E S O
V Z P E S C A M C S
```

Discípulos   Jesús   Revelado

Pesca   Barca   Red

Noche   Desayuno   Rebosante

Orilla

Jesús perdona a Pedro
Juan 21:15-19

Pedro era un discípulo de Jesús que lo quería mucho. Pedro vio todos los milagros de Jesús y oyó todas sus enseñanzas. Jesús incluso le dijo a Pedro que él sería una roca para la Iglesia y que tendría un impacto muy grande en la difusión del evangelio. Durante la Última Cena, Jesús le dijo a Pedro que antes de que cantara el gallo a la mañana siguiente, él negaría a Jesús tres veces. Obviamente, Pedro pensaba que eso era imposible porque quería mucho a Jesús, de modo que no aceptó que eso pudiera suceder.

A la mañana siguiente, después del arresto de Jesús, Pedro se introdujo en la zona de los guardias para ver qué iban a hacer con Jesús. Mientras estaba allí esperando junto a una hoguera, tres personas le preguntaron si él era un discípulo de Jesús, y las tres veces él lo negó. Justamente entonces cantó el gallo, y Jesús miró a Pedro desde la distancia. Pedro quedó devastado.

De acuerdo con nuestra historia de la semana pasada, en la que Jesús llamó a los discípulos desde la orilla, esa era la primera vez que Pedro habló a Jesús desde que lo había negado.

Jesús: "Pedro, ¿me amas?".
Pedro: "Sí, Señor".
Jesús: "Apacienta mis corderos".
Jesús: "Pedro, ¿me amas?".
Pedro: "Sí, tú sabes que te quiero".
Jesús: "Cuida de mis ovejas".
Jesús: "Pedro, ¿me quieres?".
Pedro: "Señor, tú sabes que te quiero".
Jesús: "Apacienta mis ovejas".

Jesús preguntó a Pedro tres veces diferentes para cancelar sus tres negaciones anteriores. Aunque negó a Jesús, Pedro fue perdonado; ahora estaba preparado para comenzar a edificar la Iglesia y compartir el mensaje del evangelio todo lo posible.

Versículo para aprender

"Por tercera vez Jesús preguntó: Simón, hijo de Juan, ¿me quieres? A Pedro le dolió que por tercera vez Jesús le hubiera preguntado: «¿Me quieres?». Así que dijo: Señor, tú lo sabes todo; tú sabes que te quiero. Apacienta mis ovejas —dijo Jesús. (Juan 21:17)

Habla con Dios

Amado Dios, gracias por mostrarme un ejemplo de perdón verdadero. Por favor, ayúdame a recordar siempre esta historia para así perdonar a las personas que me hagan daño. Amén.

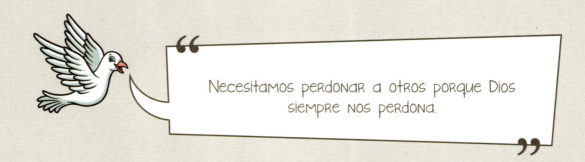

"Necesitamos perdonar a otros porque Dios siempre nos perdona."

Llena los espacios en blanco:

Jesús: "Pedro, ¿_ ___?".

Pedro: "_, Señor".

Jesús: "Apacienta mis ___".

Jesús: "Pedro, ¿me ___?".

Pedro: "Sí, tú sabes __ _ ___".

Jesús: "Cuida de __ ___".

Jesús: "Pedro, ¿_ quieres?".

Pedro: "___, _ _ que te quiero".

Jesús: "___ mis ovejas"

La Gran Comisión
Mateo 28:16-20

Los once discípulos se juntaron y subieron a un monte en Galilea para despedirse de Jesús. Cuando llegó, los discípulos adoraron a Jesús y lo alabaron por todo lo que había hecho. Jesús los bendijo y les mandó que fueran al mundo y hablaran de la buena noticia a todo aquel que encontraran. Les prometió que estaría con ellos siempre. Y, entonces, ascendió a la mano derecha de Dios.

Con el tiempo, esta historia en la Biblia se ha convertido en un gran recordatorio para los cristianos de cuál es nuestro propósito en la tierra y en la vida. Jesús nos llamó a llevar a todos la buena noticia de su mensaje salvador, ¡en todas partes! Todos somos enviados por Jesús a llevar su mensaje, estamos en una misión con Él, ¡y es la gran co-misión!

Versículo para aprender

Acercándose Jesús, les dijo: «Toda autoridad me ha sido dada en el cielo y en la tierra. Vayan, pues, y hagan discípulos de todas las naciones, bautizándolos en el nombre del Padre y del Hijo y del Espíritu Santo, enseñándoles a guardar todo lo que les he mandado; y ¡recuerden! Yo estoy con ustedes todos los días, hasta el fin del mundo».
(Mateo 28:18-20, NBLA)

Habla con Dios

Amado Dios, por favor, dame oportunidades para compartir mi fe con quienes me rodean. Dame un corazón por las misiones y por la Iglesia en general. Quiero ayudar a extender la buena noticia. Amén.

"Jesús nos ordena que compartamos el evangelio con otros."

Escribe el versículo para aprender de esta semana:

Acercándose Jesús, les dijo: Toda autoridad me ha sido dada en el cielo y en la tierra. Vayan, pues, y hagan discípulos de todas las naciones, bautizándolos en el nombre del Padre y del Hijo y del Espíritu Santo, enseñándoles a guardar todo lo que les he mandado; y ¡recuerden! Yo estoy con ustedes todos los días, hasta el fin del mundo.

Mateo 28:18-20, NBLA

_____
_____
_____
_____
_____
_____
_____
_____
_____
_____
_____

La llegada del Espíritu Santo

Hechos 2:1-13

Antes de que Jesús ascendiera al cielo, les dijo a los discípulos que viajaran a Jerusalén y esperaran la llegada del Espíritu Santo. El Espíritu Santo sería su guía en cuanto a cómo vivir una vida como Jesús, y les ayudaría a difundir el mensaje de las buenas noticias por todo el mundo.

Por lo tanto, los discípulos y otros creyentes emprendieron camino hacia Jerusalén y esperaron. No sabían qué iba a suceder exactamente, pero fueron obedientes a lo que Jesús les había dicho. El día de Pentecostés, todos los discípulos estaban juntos cuando, de repente, llegó un fuerte viento que llenó la sala. Descendieron llamas de fuego sobre cada uno de ellos por un momento, llenándolos del Espíritu Santo.

De repente, todos hablaban en diferentes lenguajes de las cosas maravillosas de Dios. Muchos judíos que estaban en la zona oyeron lo que estaba sucediendo y se acercaron corriendo para verlo con sus propios ojos. Todos estaban asombrados, pero algunas personas pensaron que los discípulos se habían vuelto locos. Entonces Pedro dio un sermón, hablando a los judíos de que Jesús era el Mesías y lo que ellos tenían que hacer para recibir también al Espíritu Santo. Desde ese momento en adelante, eran añadidos muchos creyentes nuevos a la iglesia diariamente.

Versículo para aprender

"Pero recibirán poder cuando el Espíritu Santo venga sobre ustedes; y serán mis testigos en Jerusalén, en toda Judea y Samaria, y hasta los confines de la tierra". (Hechos 1:8, NBLA)

Habla con Dios

Amado Dios, gracias por enviar tu Espíritu para guiarnos y ayudarnos en la vida. Por favor, sigue llenándome con el Espíritu cada día para que pueda extender tu amor a quienes me rodean. Amén.

" El Espíritu Santo sigue actuando de maneras asombrosas por medio de nosotros en la actualidad. "

Escribe tu propia oración:

Pide al Espíritu Santo que venga a tu vida.

Nuevos cielos y nueva tierra
Apocalipsis 21:1-8

¿Recuerdas las primeras historias que aprendimos, cuando Dios creó los cielos y la tierra y puso a Adán y Eva en el Jardín del Edén? En aquel entonces, el Jardín era un lugar de perfección. Dios podía vivir entre su Creación sin nada que lo retuviera. No había enfermedad, dolor ni tristeza. Avancemos en el relato hasta llegar la Caída del hombre, y todo cambió. El pecado entró en el mundo, y ahora tenemos que lidiar con muchos problemas cada día. La última historia de la Biblia es sobre un ángel que le muestra a Juan todas las cosas increíbles que van a suceder en el futuro. Le promete un cielo nuevo y una tierra nueva, donde todo será restaurado a su intención original. No habrá dolor ni sufrimiento. No habrá enfermedad. No habrá guerra. No habrá tristeza. No habrá nada malo. Cada uno de nosotros rebosará de alegría, y todas nuestras necesidades serán satisfechas. La Biblia termina de este modo para mostrarnos cuán bueno es Dios, ¡y para que nos emocionemos por el futuro! ¡Qué bueno!

Versículo para aprender:

Y el que estaba sentado en el trono dijo: «¡Miren, hago nuevas todas las cosas!». (Apocalipsis 21:5a, NTV)

Habla con Dios

Amado Dios, gracias por darnos esperanza para el futuro. Me encanta estudiar la Biblia y aprender sobre tus promesas para nosotros. Por favor, ayúdame a mantenerme enfocado en tu bondad. Amén.

"Un día, Dios hará nuevas todas las cosas otra vez."

Para pensar:

¿Qué cosas buenas crees que habrá en el nuevo cielo y la nueva tierra?

Oración de salvación

Si no has aceptado a Jesús en tu corazón, el siguiente paso es comenzar una relación con Dios para que así puedas ser salvado de tus pecados. Esto se llama "salvación". Como cristianos, Jesús es el motivo por el que podemos vivir en libertad. Él murió y resucitó para pagar el precio de nuestros pecados. La salvación no se produce porque nosotros hagamos algo especial; es un regalo de Dios porque Él nos ama mucho.

Tenemos que dejar de hacer cosas malas, creer que Jesús es el Hijo de Dios, y decir que Él lo controla todo en nuestras vidas. Al hacer eso, tenemos salvación y vida eterna. ¡Cuán estupendo es eso!

Si esto es algo que quieres para tu vida, haz esta oración:

Oración

"Amado Jesús, creo que eres el Hijo de Dios y el Salvador del mundo. Creo que moriste por mis pecados y resucitaste de la muerte. Creo que, por medio de tu sacrificio, soy una persona nueva. Perdóname por mis pecados y lléname de tu Espíritu. En este día, decido seguirte por el resto de mi vida como Señor de mi vida. Amén".

Pasos siguientes

- Encuentra una iglesia que tenga un programa de niños estupendo.
- Continúa aprendiendo historias de la Biblia.
- Pide a Dios por tus amigos y familiares cada día.
- Bautízate.

Cómo compartir el evangelio

Paso 1. Entender el evangelio

Cuando oímos la palabra "evangelio" en el Nuevo Testamento, es una palabra que significa "buenas noticias".

Entonces, ¿por qué el evangelio se considera "buenas noticias"?

Bueno, tenemos que comenzar con las malas noticias.

En la primera parte de la Biblia, que se llama el Antiguo Testamento, aprendemos sobre un hombre llamado Moisés. En aquel tiempo, la nación de Israel (el pueblo escogido de Dios) estaba en esclavitud en Egipto, y Dios termina usando a Moisés para liberar al pueblo mediante un grupo de diferentes milagros, que es básicamente que Dios haga algo tan increíble que nuestras mentes no pueden comprenderlo.

Cuando el pueblo ya era libre, Dios les dio un conjunto de reglas a seguir porque quería que vivieran vidas mejores. Esto se llamaba "la Ley".

Con el tiempo, la nación de Israel se alejó de Dios y dejó de intentar poner en práctica la Ley.

En la segunda parte de la Biblia, que se llama el Nuevo Testamento, se nos presenta a un hombre llamado Jesús. Y Jesús iba a restaurar la relación de Israel con Dios. Esto era las "buenas noticias".

Pero Jesús no caía bien a personas poderosas porque les decía que se amaran unos a otros, incluso a personas que no se veían como ellos. Y, finalmente, ellos terminaron matando a Jesús, pero no se quedó muerto. Tres días después resucitó de la muerte, demostrando que Él era el verdadero rey y que el reino de Dios era eterno.

La mejor noticia de todas es que Jesús ofrece compartir esta victoria con nosotros. Nos dice que ya no estamos atados por la Ley, sino que ahora podemos ser libres. No podemos hacer nada especial para ganarnos nuestra salvación, como haríamos para obtener una buena calificación en la escuela, sino que en realidad es un regalo. ¡Eso es estupendo!

Ese es el evangelio. Y tú puedes decidir si quieres creerlo y aceptarlo o no. Una cosa que sé es que Dios quiere que lo escojas a Él.

Paso 2: Ponerlo en práctica

El mejor modo de compartir el evangelio es ponerlo en práctica. Actúa como Jesús. Ama a los demás. Las personas observarán cuando estés alegre, y seas paciente y bueno. Y sabemos que todo eso proviene de tu relación con Jesús.

Paso 3: Hablar del amor

Si de verdad estás poniendo en práctica el amor de Jesús, las personas comenzarán a preguntarte por qué eres diferente. Te preguntarán por qué eres tan alentador, por qué te interesas tanto, y cómo puedes tener calma en medio del caos.

Diles que eres diferente porque eres muy amado, y que Jesús también los ama mucho a ellos. Si quieren tener esa misma paz, alegría y amor que tú tienes en tu vida, siéntete libre para dirigirlos a hacer la Oración de Salvación que vimos unas páginas antes. Es un lugar estupendo donde comenzar. Y tu vida será cambiada para siempre.

¿Cómo compartirías el evangelio con un amigo?

Querido _____,

Preguntas sobre la Biblia

1. ¿Cuántos libros hay en el Antiguo Testamento?
2. ¿Qué libro de la Biblia describe la Creación?
3. ¿Quién construyó el arca que salvó a los animales?
4. ¿Quién separó las aguas del Mar Rojo?
5. ¿Cuáles son los Diez Mandamientos?
6. ¿Cuáles son los cuatro libros de la Biblia que hablan sobre Jesús en la tierra?
7. ¿Quién fue la mamá de Jesús?
8. ¿Dónde nació Jesús?
9. ¿Cuántos años tenía Jesús cuando comenzó su ministerio?
10. ¿Qué es un "discípulo"?
11. ¿Cuántos discípulos tenía Jesús?
12. ¿Qué usó Jesús para alimentar a cinco mil personas?
13. ¿Cuántos libros hay en el Nuevo Testamento?
14. ¿Qué es "la Gran Comisión"?
15. ¿Qué libro habla sobre el cielo nuevo y la tierra nueva?

Respuestas a las preguntas sobre la Biblia

1. 39
2. Génesis
3. Noé
4. Moisés
5. Los Diez Mandamientos:
    1. No adorarás a otros dioses
    2. No te harás ídolos
    3. No usarás mal el nombre de Dios
    4. Santificarás el día de reposo
    5. Honrarás a tu padre y a tu madre
    6. No matarás
    7. No cometerás adulterio
    8. No robarás
    9. No mentirás
    10. No codiciarás
6. Mateo, Marcos, Lucas, Juan
7. María
8. Belén
9. 33
10. Un seguidor de Jesús
11. 12
12. Cinco panes y dos peces
13. 27
14. Extender las Buenas Noticias por todo el mundo
15. Apocalipsis

The Brand Sunday

En la página web The Brand Sunday sabemos que quieres crecer en tu relación con Dios. Para hacer eso, necesitas entender mejor la Biblia. El problema es que parece una tarea muy grande, y puede ser enorme y aplastante. Creemos que debería ser más fácil, así que te ayudamos a que las cosas sean más sencillas.

Así es como funciona:

1. Elige tus productos.
2. Sé consistente.
3. Crece en tu fe.

Si quieres profundizar más en la Biblia, otro de nuestros productos *Estudia la Biblia: Un estudio de un año de la Biblia y cómo se relaciona contigo* es un lugar estupendo para desarrollar tu fundamento. Para elegir tu copia hoy de *Estudia la Biblia*, por favor visita www.thebrandsunday.com para que puedas dejar de sentirte abrumado y comiences a tener confianza en tu relación con Dios.

LA BIBLIA ES BUENA PARA TI

Zach Windahl ha ayudado a miles de personas a comprender mejor la Biblia y acercarse a Dios. Él dirige la página web *The Brand Sunday* y es el autor de varios libros, entre los que se incluyen *The Bible Study, The Best Season Planner* y *Launch with God*. Vive en Minneapolis, Minnesota, con su esposa Gisela y su perrita de raza bernedoodle, Nyla.

ESTUDIO BÍBLICO PARA Niños